Rudolf Kautzsch

Die Holzschnitte der Kölner Bibel von 1479

Rudolf Kautzsch

Die Holzschnitte der Kölner Bibel von 1479

ISBN/EAN: 9783743354005

Hergestellt in Europa, USA, Kanada, Australien, Japan

Cover: Foto ©ninafisch / pixelio.de

Manufactured and distributed by brebook publishing software (www.brebook.com)

Rudolf Kautzsch

Die Holzschnitte der Kölner Bibel von 1479

STUDIEN ZUR DEUTSCHEN KUNSTGESCHICHTE
7. HEFT.

DIE HOLZSCHNITTE

DER

KÖLNER BIBEL von 1479

VON

RUDOLF KAUTZSCH.

MIT 2 LICHTDRUCKTAFELN.

STRASSBURG
J. H. ED. HEITZ (HEITZ & MÜNDEL)
1896.

MEINEM VATER.

INHALT.

	Seite
Vorwort	V
Einleitung	VII
1. Kapitel: Die Bibel und ihr Bilderkreis	1
2. Kapitel: Die Zeichnungen des Ms. germ. 516 in Berlin	16
3. Kapitel: Die Holzschnitte der Kölner Bibel	26
4. Kapitel: Die Illustration in Köln bis 1480	36
5. Kapitel: Der Holzschnitt in Köln vor 1480	51
6. Kapitel: Uebersicht über die Buchillustration in den Niederlanden und Deutschland. Schluss	55
Anmerkungen	65
Vergleichendes Bilderverzeichnis	76

VORWORT.

Wie sich Handschrift- und Buchillustration an einem bestimmten Orte während eines begrenzten Zeitabschnitts entwickelt haben, das wollte ich untersuchen, als ich mich der Kölner Illustration des 15. Jahrhunderts zuwandte. Ich gedachte, dem Aufeinanderwirken jener beiden Zweige nachzuspüren, Werkstätten und Stilgruppen festzustellen und so schliesslich die Entwickelung der Zeichentechnik wenigstens in einer Kunststadt verstehen zu lernen. Köln schien für solche Erörterungen einen verlockenden Stoff zu bieten.

Allein, je genauer ich die Kölner Buchmalerei und den Kölner Holzschnitt kennen lernte, um so weniger schien das Ergebnis der Forschung eine Einzeldarstellung zu rechtfertigen. Eine gewerbsmässige Illustration, die für die Ausbildung der Schwarz-Weiss-Kunst unerlässliche Bedingung zu sein scheint, existierte in Köln im 15. Jahrhundert offenbar nicht. Bilder-Handschriften fanden sich nur spärlich. Die Holzschnitte der Kölner Drucke sind teils überaus roh, teils aus andern Druckorten zusammengebracht, teils von durchwandernden Formschneidern in der Rheinstadt gefertigt. Gerade die besten Arbeiten sind ohne allen technischen Zusammenhang unter einander. Einen einheitlichen Kölner Stil offenbaren sie nicht.

Das Schwergewicht der Darstellung wäre durchaus auf die bibliographische Seite gefallen. Allein ein bibliographisch befriedigendes Verzeichnis liess sich jetzt nicht geben; es wäre voraussichtlich in absehbarer Zeit überholt worden. Ist doch schon seit Jahren ein erprobter Kenner der Incunabelkunde an der Arbeit, den Buchdruck Kölns im Jahrhundert seiner Erfindung erschöpfend zu schildern. Wenn dieses wertvolle Werk Dr. Voulliemes vorliegt, wird es möglich sein, endlich einmal für einen grossen deutschen Druckort die erhaltenen Denkmäler der Formschneidekunst zuverlässig und vollständig zusammenzustellen.

Ich musste mich darnach bescheiden, ein Kapitel jener Untersuchung, freilich das anziehendste, auszuarbeiten. Wie unfertig die Studie noch ist, darüber täusche ich mich nicht. Ich glaube aber, man wird zugeben müssen, dass ein ganz befriedigender Abschluss einer solchen Forschung am Ende erst dann erreicht werden kann, wenn *alle* Bibliotheken, öffentliche und private, durchsucht sind: wer bürgt dafür, dass nicht irgendwo noch eine Handschrift, eine Incunabel verborgen liegt, die wesentliche Ergänzungen und Berichtigungen des Erarbeiteten beibringen könnte? Die Erfüllung jener Voraussetzung ist aber unerreichbar, und so wird man sich immer damit begnügen müssen, die Sammlungen, die zunächst in Betracht kommen, sorgfältig zu benützen und aus dem gefundenen Stoff nicht sowohl die Lösung, als vielmehr nur die bestimmtere Fassung des Problems zu gewinnen. Der Ausbau bleibt zufälligen Funden der Zukunft vorbehalten. Es ist nicht leicht, sich mit einem solchen Ergebnis abzufinden. Wer aber weiss, wie unendlich viel auf dem Gebiet der Illustration noch zu thun ist, und wer die Schwierigkeiten solcher Arbeit kennt, der wird die Selbstbescheidung begreifen. Die vorliegende Untersuchung kann und will nicht mehr, als das oben bezeichnete Ziel anstreben. Sollte sie es erreicht haben, so wäre ihr Zweck erfüllt.

Ich habe wiederum nach vielen Seiten für mannigfache Unterstützung warmen Dank abzustatten. Vor allem bin ich Herrn Bibliothekar Dr. Voullieme in Bonn, der mir in uneigennützigster Weise die bisherigen Ergebnisse seiner Arbeit zur Verfügung stellte, ausserordentlich verpflichtet. Ich habe in den einzelnen Fällen angegeben, was ich dieser Quelle verdanke. Sodann haben mich durch verschiedentliche Nachweise gefördert Herr Archivar Dr. Hansen, Herr Hofrat Aldenhoven, Herr Domkapitular Schnütgen in Köln, Herr Professor Dr. E. Schröder in Marburg, Herr Bibliothekar Dr. Nörrenberg in Kiel, Herr Provinzialkonservator Dr. Clemen in Bonn, Herr Dr. W. Weisbach in Berlin, die Herren Professoren Dr. Burdach und Dr. Strauch sowie Herr Dr. J. Meier in Halle a. S. Endlich habe ich das bereitwilligste Entgegenkommen, oft weitgehende Unterstützung von Seiten der verehrlichen Vorstände der Bibliotheken und Kupferstich-Sammlungen in Berlin, Bonn, Brüssel, Darmstadt, Dresden, Erlangen, Frankfurt a. M., Haag, Halle a. S., Hannover, Kassel, Köln (auch der Kirchenbibliotheken und Sammlungen ebenda), Leipzig, Mainz, München, Nürnberg erfahren. Ich kann nicht schliessen, ohne für alle Förderung, die mir zu teil geworden ist, meine aufrichtige Erkenntlichkeit auszusprechen.

Rudolf Kautzsch.

Einleitung.

Wenn wir die Geschichte der Kunst in der Stadt Köln überdenken, so erscheint uns wohl das 15. Jahrhundert als eine Zeit hoher Blüte. Bauten und Bilder werden vor unserem inneren Auge lebendig, die Erinnerung an Nachrichten von heiteren Festen, von Prunk und Glanz erwacht, und leicht kommen wir so zu der Vorstellung, dass in jenen Tagen ein ungetrübter Friede alle Unternehmungen begünstigt, alle Mittel zum Schmucke des Daseins frei gemacht habe.

Versenken wir uns aber in die Chroniken der Zeit, so tritt uns da ein ganz anderes Bild entgegen. Fehden mit hunderten von raublustigen Herren, Auszug gegen die Städte von Geldern, Husiten- und Armagnakennot, Krieg mit Karl von Burgund, Streit mit den Hansegenossen lösen sich in ununterbrochener Folge ab. Dazu kommen Verwickelungen ob zwiespältiger Bischofswahl, Hader mit dem geistlichen Oberhirten, Zank um die Juden, um die peinliche Gerichtsbarkeit, um die Verfassung — kurz es ist ein recht wirres kriegerisches Bild. Kaum können wir uns denken, dass daneben noch zu Friedenswerken Musse, Unternehmungslust und Mittel genug übrig blieben.[1]

Aber jene Annahme einer hohen Kunstblüte erscheint bald selbst nicht mehr so uneingeschränkt richtig. Gewiss, die Dombauhütte arbeitete unbekümmert ins dritte Säkulum weiter, neue Gotteshäuser entstanden mit ihren Heiligenfiguren und Altarbildern; aber das waren kirchliche Schöpfungen, frommen Zwecken gestiftet, auf geistlichen Antrieb ins Werk gesetzt. Sie ins Leben zu rufen war Gottesdienst. Der Rat der Stadt dagegen liess, soviel wir wissen, im 15. Jahrhundert nur den Festbau auf dem Grundstück

Gurzenich errichten. Von weiteren Unternehmungen hören wir nicht.² Und auch von Neubauten durch die Geschlechter wird uns aus dieser Zeit wenig erzählt.

Ja selbst wenn wir die Thätigkeit der Kölner Malerschule, die doch durch die Kirche immer neue Förderungen erfuhr, etwas genauer verfolgen, verschwindet manches von dem Glanze, der ihre Werke gemeiniglich umgiebt. Die wirklich aus Kölner Boden erwachsene Weise des Meisters Wilhelm³ vermochte sich nicht eigentlich weiter zu entwickeln. Sie wird verdrängt durch eine persönlichere Kunst, deren Wurzeln nicht in Köln liegen und die ihrerseits hier keine Wurzeln treibt: Stephan Lochner ist kein Abkömmling der Schule seines Vorgängers und ward in Köln nicht Lehrmeister eines ganzen Malergeschlechts, wie es etwa Masaccio in Florenz gewesen. Und wenn schon er vom Westen gelernt hatte, so gerieten seine Nachfolger vollends gänzlich in den Bann der niederländischen Kunst. Nicht auf ein ununterbrochen sich fortentwickelndes, weitverzweigtes künstlerisches Leben stossen wir: wir vermögen vielmehr die Gesamtheit der kölnischen Maler am besten nach den einander ablösenden Einflüssen verschiedener vlämischer Meister zu gruppieren. Das ist für die Kölner Malerei bezeichnend. Nur so vermochte sie der nie versiegenden Nachfrage der Kirche zu genügen.

Von der Kirche scheint überhaupt die einzige kräftige Förderung der Kunst in dieser Zeit zu kommen. Kirchliche Bauten und Figuren der Heiligen, Altarbilder und kirchliches Gerät, das sind hier noch mehr als anderswo fast ausschliesslich die Aufgaben der bildenden Kunst. Die Kirche war allmächtig. Auch wenn wir von Streitigkeiten des Rats mit dem Erzbischof oder mit dem erzbischöflichen Blutgericht lesen, oder wenn wir die freimütigen Aeusserungen der Kolhoffschen Chronik⁴ vernehmen, müssen wir uns doch immer darüber klar sein, dass wir es da nur mit dem Unwillen über die persönliche Unwürdigkeit einzelner Verkündiger des Wortes Gottes zu thun haben. Noch war das ganze Leben bis in seine letzten Aeusserungen durchdrungen und umspannt von kirchlichem Geiste, kirchlichen Ordnungen, kirchlichem Segen und Fluch. Und der Rat der Stadt blieb bei aller Unerschütterlichkeit gegenüber den Herrschafts- und Geldgelüsten des Erzbischofs doch nach wie vor darauf bedacht, den Ruf der

Sancta Colonia Ecclesiæ Romanæ Fidelis Filia [5] nicht zu Schanden werden zu lassen.

Lag es vielleicht an diesem Uebergewicht der geistlichen Mächte, dass eine freiere weltliche Bildung nicht emporkam? Die Thatsache, dass das geistige Leben während des 15. Jahrhunderts in Köln stockte, ist unbestreitbar. Schon ein Blick auf die Geschichtschreibung [6] zeigt das. Vom Ende des 14. Jahrhunderts datiert der Verfall der Chroniken. Die locker an einander gereihten annalistischen Aufzeichnungen und die wenigen amtlichen Berichte und Denkschriften der Folgezeit können als litterarische Leistungen kaum betrachtet werden. Tagebuch und Familienchronik sind im 15. Jahrhundert so gut wie gar nicht vertreten, und nicht früher als um 1470 entstand eine erste zusammenfassende Stadtchronik, die überdies nur als sehr mittelmässige Kompilation bezeichnet werden kann. Einzig die 1499 bei Johann Kolhoff gedruckte grosse Stadtchronik vermag einigermassen für das Fehlen aller persönlich gehaltenen Litteratur zu entschädigen. Aber allzu hoch dürfen wir auch dieses schöne Denkmal eines ehrlichen, warm empfindenden Geschichtschreibers nicht anschlagen. Bei aller Klarheit über die kirchlichen Uebelstände der Zeit giebt es uns doch von einer freien bürgerlichen Bildung keine Kunde: ein Kleriker war der Verfasser jedenfalls, mag er nun Hamelmann oder Stump geheissen haben.

Der Stand der Schönen Litteratur [7] bestätigt diese Bemerkungen. Ausser einigen geistlichen Dichtungen [8] lassen sich nur ganz vereinzelte Denkmale der poetischen und der Prosalitteratur anführen, deren Ursprung mit Sicherheit auf Köln zurückgeführt werden kann.[9] Von einem im 15. Jahrhundert sehr verbreiteten Werke, das allerdings nur halb zur Schönen Litteratur zu rechnen ist, vom Seelentrost, glaubte man dies annehmen zu dürfen. Allein die Annahme beruhte auf der falschen Voraussetzung, dass uns in der Hauptsache nur kölnische Handschriften des Werks erhalten seien. Es giebt aber ältere niederdeutsche Handschriften [10] und möglicherweise sind auch diese nur Umschriften eines hochdeutschen Originals. Immerhin ist das Werk in Köln einigemal abgeschrieben worden, und es empfiehlt sich daher, etwas näher darauf einzugehen. In der Einleitung, die das Ziel und die Richtung des Buches bezeichnet, findet sich folgende Stelle [11]: Vele lude sint de da lesent werentliche boiche und hoerent der na und verlesent alle ere arbeit, want si envindent dar neit der selen troist. Etsliche lude sint de da lesent van Percivalen, van her Ernesten, van her Dederich van [dem] Berne und van alle den Hunen, de der werelt deinden und neit gode. In den boichen is gein nutz want man vindet dar niet der selen troist, dat enis neit anders dan zit verluis, und vur alle zit, de wir unnutzlichen zobrengen, moissen wir rede und antwerden geven. Wenn diese Worte die Gesinnung der Kreise, die für die geistigen Bedürfnisse des Volkes zu sorgen suchten, getreu wiedergeben, so können wir nicht daran zweifeln, dass der auffallende Mangel an geistigem Leben nächst dem wirtschaftlichen Niedergang auch noch andere Gründe hatte. Nun steht unsere Stelle keineswegs allein. Ein zweites unter den wenigen deutschen Büchern, die in Köln während des 15. Jahrhunderts abgeschrieben und gedruckt wurden, das erbauliche Werk Ottos von Passau „die vierundzwanzig Alten", enthält eine ähnliche Auslassung.[12] Ebenso spricht sich der Seelenführer[13] und ein anonymes Gutachten über das Lesen deutscher Bücher[14] aus. Der Kanzler Gerson, in Köln jedenfalls eine bekannte und verehrte Autorität, hat nicht nur einen ganzen tractatus contra Romantium de rosa veröffentlicht, sondern sich auch in seinem Sendschreiben (expositio) ad potestates publicas tam ecclesiasticam quam civilem adversus corruptionem juventutis per lascivas imagines et alia hujusmodi erbittert gegen die weltliche Litteratur geäussert.[15] Und dass die deutsche Predigt seit Berthold von Regensburg wiederholt Gelegenheit nahm, gegen die Dichter und ihre Lieder, gegen weltliches Schauspiel und deutsche Bücher zu eifern, ist ebenfalls bekannt.[16]

Wie die Kirche über die weltliche Litteratur dachte, dürfte nach alledem nicht zweifelhaft sein. Wir werden uns darum auch nicht wundern, wenn in dem „Heiligen Köln", der Stadt, die anerkanntermassen wie keine andere in Deutschland die Segnungen der Kirche erfuhr, eine weltliche Litteratur nicht aufkommen konnte.[17] Nicht dass die Kirche diese Litteratur durch eine förmliche Censur niedergehalten hätte. Die geistlichen Bücherverbote[18] richten sich vielmehr fast ausschliesslich gegen die deutschen geistlichen Werke, von deren Verbreitung man eine Stärkung der Ketzerei befürchtete. In diesem Sinn übte in Köln die Universität über den Buch- und Handschrifthandel eine Aufsicht[19] aus, die sich schliesslich zu einer Art von Censur entwickelt zu haben scheint. So muss es auch verstanden werden, wenn die beiden grössten deutschen Werke der Kölner Presse des 15. Jahrhunderts, Bibel und Chronik, je eine besondere Selbstverteidigung nötig zu haben glauben[20]. Allein selbst wenn die Kirche nicht unmittelbar gegen die weltliche Litteratur vorgieng, den Romanen und Epen war sie, wie wir gesehen haben, erst recht nicht günstig gesinnt. Und der Kampf von den Kanzeln und aus den Beichtstühlen mochte noch wirkungsvoller sein, als jede Censur. Darum dürfen wir wohl die Stimmung der Kirche für das völlige Fehlen einer weltlichen deutschen Litteratur in dem Köln des 15. Jahrhunderts mit verantwortlich machen.

Gab es aber keine weltliche deutsche Litteratur in Köln, so war dem Kunstgebiet, das uns hier weiterhin ausschliesslich beschäftigen soll, der Illustration, der Boden so gut wie gänzlich entzogen.

Illustriert wurden in Deutschland vornehmlich die Werke der Unterhaltungslitteratur, also die in deutscher Sprache geschriebenen und gedruckten Bibeln und Historienbibeln, Erbauungsschriften mit erzählendem Inhalt, Chroniken, Epen, Romane, Fabelbücher, Kalender. Nun bedenke man: nicht e i n illustrierter deutscher Roman, nicht e i n mit Bildern geschmücktes deutsches Heldengedicht ist uns vorgekommen, überhaupt keinerlei illustrierte Dichtung, die sicher während des 15. Jahrhunderts in Köln geschrieben und ausgemalt wäre. Eine einzige dürftige Bilderchronik, die mehrfach kopiert wurde, findet sich, von Erbauungswerken (ausser Gebetbüchern, Missalien und Chorbüchern) nur eine Abschrift der Vierundzwanzig Alten: das ist alles. Die Durchsicht der Kölner Drucke des 15. Jahrhunderts ergänzt diese Beobachtung. Es wurden, so viel uns bekannt ist, zu Köln im 15. Jahrhundert, überhaupt nur etwa dreissig deutsche Bücher gedruckt.[21] Darunter ist nicht ein einziger Roman. Es sind meist erbauliche und moralische Werke: Der Seele Trost, die Vierundzwanzig Alten Ottos von Passau, Vliederhovens Traktat von den vier letzten Dingen, der Dornenkranz, Cöldes Christenspiegel, Anselms Frage an Maria, Kato und Aesop. Auch die deutsche Bibel, die Evangelien (nebst Glosse d. h. Predigtabrissen), des Jakobus de Voragine Sermonen, das Passional und eine Beschreibung der Kölner Heiligtümer und Ablässe gehören dahin. Weltlicher Natur sind nur drei Werke: der Sachsenspiegel, die Chronik und Wierstraats Belagerung von Neuss. Es begreift sich, dass nur wenige dieser Bücher zur Illustration herausforderten, und selbst diese wurden nicht alle mit Bildern geschmückt.

Um einigermassen klar zu machen, wie sich Köln zu anderen Druckorten Deutschlands, soweit die illustrierte deutsche Litteratur in Frage kommt, verhält, stellen wir hier vergleichsweise einige Angaben zusammen.

In Augsburg, wo seit 1465 gedruckt wurde, sind bis zum Schluss des Jahrhunderts nach Hain [22] etwa 360 deutsche Bücher erschienen, in Nürnberg (ebenfalls nach Hain) während der Jahre 1464 bis 1500 ungefähr 65, in Strassburg wenig mehr (etwa 70). Für Köln vermag Hain aber nur 6 deutsche Werke zu nennen. Nun haben wir ja allerdings schon gesehen, dass diese Zahl zu niedrig ist, dass vielmehr etwa 30 deutsche Bücher in Köln während des 15. Jahrhunderts erschienen sind. Und weiter muss auch zugegeben werden, dass wir die Zahlen für die andern Druckorte nicht entsprechend (also etwa um das fünffache) erhöhen dürfen, da Hain über den süddeutschen Druck viel besser unterrichtet ist, als über den Kölner. Trotz alledem bleibt das Verhältnis für Köln sehr ungünstig.[23] Und dabei hat Köln früher angefangen zu drucken als jene anderen Städte.

Die Zusammenstellungen der illustrierten deutschen Drucke, die Muther[24] giebt, sind leider so unvollständig, dass auch sie nur eine ungefähr richtige Vorstellung von dem gegenseitigen Verhältnis der Erzeugnisse jener drei Druckorte gewähren. Doch entspricht dieses Verhältnis etwa dem der deutschen Drucke überhaupt. Der Augsburger Presse teilt Muther rund 190 illustrierte deutsche Werke zu, während auf Strassburg 42, auf Köln nur 9 kommen. Natürlich sind diese Zahlen für alle drei zu niedrig, aber das Verhältnis mag, wenn wir Köln noch ein paar mehr zuerkennen, ungefähr richtig sein (14 : 3 : 1).

Aber noch ein weiterer Befund stimmt zu diesen Beobachtungen. Es wird in Kölner Akten und Urkunden vor 1526 kein Formschneider, während des ganzen 15. Jahrhunderts kein Brief- oder Heiligenmaler, kein bürgerlicher Schreiber oder Illuminist erwähnt.[25] Nur ein paar Briefdrucker führt Ennen[26] an. Ob diese,

„Briefdrucker" aber wirklich das Gewerbe der Briefdrucker hatten, oder nur den Namen führten, ist aus den wenigen Stellen, die sich nachprüfen lassen, nicht ersichtlich.[17]

Endlich findet sich noch eine Nachricht, die wir hier der Vollständigkeit halber nicht übergehen dürfen. Das ganze 15. Jahrhundert hindurch hat der Rat der Stadt Köln damit zu thun, die bürgerlichen Gewerbe vor der Konkurrenz durch die Klöster zu schützen. Es begegnen uns aus den Jahre 1406, 1456, 1482[18] immer wieder Beschlüsse, dem widerrechtlichen Betrieb von Gewerben in den Klöstern zu steuern. So wird denn auch aus dem Jahre 1510 von einem Vorgehen des Rats gegen den Konvent Weidenbach berichtet.[19] Der Rat verlangte, die Brüder sollen alle Geschäfte unterlassen, deren Ausübung die Bürgerschaft um ihren Erwerb bringe, so namentlich Bierbrauen, Hostienbacken und Miniaturmalen. Aus diesem Verbot geht klar hervor, dass es um 1510 eine gewerbsmässige bürgerliche Miniaturmalerei gab. Aber einmal gestattet diese späte Nachricht keinen Schluss auf die Verhältnisse des 15. Jahrhunderts. Und dann darf man wohl sagen: hätte eine rege bürgerliche Thätigkeit auf dem Gebiete weltlicher Illustration bestanden, so wäre die Konkurrenz der Klöster, die sich doch sicher auf die Ausmalung geistlicher Handschriften beschränkte, wohl auszuhalten gewesen. Aber es scheint eben, dass ausser geistlichen Werken überhaupt so gut wie nichts auszuschmücken war.

Um zu schliessen: die allgemeinen wirtschaftlichen und geistigen Zustände während des 15. Jahrhunderts machen begreiflich, dass für eine reiche volkstümliche Unterhaltungslitteratur in der Stadt Köln kein günstiger Boden war. Unter dem Druck dieser Thatsache musste auch die Illustration leiden. Ein reges bürgerliches Illuministen-, Briefmaler- und Formschneidergewerbe bestand nicht.

Moses Jugendgeschichte

1. Kapitel.

Die Bibel und ihr Bilderkreis.

Der Stand des wirtschaftlichen und geistigen Lebens in der Stadt Köln während des 15. Jahrhunderts lässt uns nicht an Grossthaten auf dem Gebiete der Illustration denken. Und doch ist gerade in Köln um 1480 ein Werk entstanden, dem sich in ganz Deutschland zu dieser Zeit wenig Gleichartiges an die Seite stellen lässt: Die Kölner Bilderbibel.

Bis 1479 hatte es deutsche Bibeln nur mit kleinen, oft wiederholten Bildchen oder gar nur mit Bilderinitialen gegeben. Jetzt erschien der deutsche Text zum ersten Male mit zahlreichen grossen, fast ausnahmslos nur einmal abgedruckten, leicht verständlichen Bildern ausgestattet. Der Einfluss, den dieses Werk in der Folgezeit hatte, war sehr bedeutend. Denn nicht nur blieb es lange für die gesamte Bibelillustration vorbildlich. Auch ausserhalb dieser begegnen wir seinen Wirkungen: selbst ein Albrecht Dürer[1] und Holbein[2] haben die Anregungen, die es ihnen gegeben, nicht verleugnet. Und dieses Buch ging von Köln aus, war ein Erzeugnis der Kölner Druck- und Formschneidekunst. Es setzt eine lange Entwickelung, eine hohe Blüte der Technik voraus und lässt auf das Vorhandensein wohlgeübter Zeichner zurückschliessen. Darnach scheint es die Ausführungen der Einleitung zu entkräften.

Wir wollen im Folgenden versuchen, diesen Widerspruch, so gut es geht, zu heben.

Von einer bibliographischen Beschreibung können wir mit dem Hinweis auf die reiche Litteratur[3] über unsere Bibel absehen. Wir wiederholen allein, was für das Verständnis des Folgenden notwendig ist.

Das Buch selbst giebt uns nur vom Ort seiner Entstehung Kunde. In der Vorrede heisst es: . . . „Hyrumb is een lyeffhebber aller menschen salycheit de nicht anghesien en heuet loff der mynschen tyttelyck guet effte erdeschen loen . . . unde van summyghen ynnygheu ghueden herten daer to beweget unde gebeden, desse heuet de ouersettinghe der bibelen uth deme latine to duytschen . . . niet sonder groeten vlit kost unde arbeit myt hulpe unde raede veler hogheleerden doen verbeteren unde verclaren unde vort mit swaree kost gedrucket in der louelycker stat Coelne." Auch ein Zusatz, der sich in einigen niedersächsischen Exemplaren am Schluss findet, nennt weder den Drucker noch das Jahr des Erscheinens: Een salich ende hefft dat boek der hemeliken apenbaringe sancti Johannis des ewangelisten unde dar mede de gantse bybel nicht geschreuen sunder myt groter vlite unde arbeyt ghedrucket dar van gade danck unde loff sy in ewicheyt. Amen. Das ist so ziemlich alles, was uns das Werk selbst über seine Entstehung sagt. Wir können aber die Person des Druckers und die Zeit des Erscheinens mit ziemlicher Sicherheit aus anderen Beobachtungen ableiten.

Die Bibel ist in zwei Ausgaben um 1479 bei Heinrich Quentell in Köln gedruckt worden. Für die Bestimmung des Druckers ist abgesehen von den Typen, die ganz zweifellos der Quentellschen Druckerei angehören, noch der Umstand massgebend, dass einige Zierleisten, die unsere Bibel schmücken, in verschiedenen Drucken Quentells aus den Jahren 1479 und 1480 wieder vorkommen. Es sind dies: Rolevinck, Fasciculus temporum 1479[4] und 1480[5]. Die beiden Ausgaben enthalten die Leiste mit der Anbetung. S. unten S. 6. Ferner: Astesanus, Summa de casibus conscientiae 1479,[6] enthält dieselbe Leiste mit der Anbetung und dazu die Seitenleisten mit Narren (S. 7). Eben diese vier Leisten finden sich noch in Alexander de Ales(?), Destructorium vitiorum 1480[7] und endlich in des Thomas de Aquino Scriptum super quarto sententiarum 1480[8].

Zugleich bieten diese Drucke den einzigen Anhalt für die Datierung der Bibel. Jene Leisten sind von demselben Formschneider gefertigt, der auch die Bilder der Bibel gearbeitet hat. Sie sind sicherlich eigens eben für die Bibel hergestellt worden. Darnach lässt sich mit Bestimmtheit sagen, dass Quentell den Bibeldruck spätestens seit dem Sommer 1479[9] vorbereitete. Da es uns nicht recht glaublich vorkommt, dass er die Leisten schon in anderen Büchern abdruckte, bevor sie ihren Hauptzweck erfüllt hatten, darf man vielleicht sogar sagen, dass die Bibel bereits 1479 erschien. Zwingend ist indessen dieser Schluss nicht. Jedenfalls muss das Buch vor 1483 ausgegeben worden sein, da in diesem Jahr Text und Bilder von A. Koberger in Nürnberg für seine Bibel benutzt wurden. S. das vergleichende Bilderverzeichnis und Walther a. a. O. Sp. 109.

Nun die Ausgaben. Wie es scheint, druckte Quentell sofort zwei von einander ganz verschiedene Fassungen.[10] Deren Hauptunterschiede sind folgende: die (nach Walther) erste Ausgabe ist in niederfränkischer (holländischer) Mundart abgefasst, der Psalter ripuarisch (kölnisch), während die zweite Ausgabe durchaus niedersächsische Mundart zeigt. Sodann fehlen der zweiten Ausgabe die Bilder der Apokalypse, die die erste enthält. Weitere Abweichungen werden unten zur Sprache kommen. Welche der beiden Fassungen früher ist als die andere, konnte bisher noch nicht mit Sicherheit festgestellt werden. Wir sind der Ueberzeugung, dass die zuletzt von Walther getroffene Entscheidung nicht stichhaltig ist, wie denn auch Walther selbst schliesslich an seiner Aufstellung irre geworden zu sein scheint. Gehen wir die Gründe einzeln durch:

In der zweiten (niedersächsischen) Ausgabe finden sich einzelne holländische Spracheigenheiten, besonders am Anfang und am Schluss. Walther meint nun, der Umarbeiter habe „im Anfang, wo er noch nicht hinreichend sicher war, und am Ende, wo er fertig zu werden eilend nicht mehr sorgsam genug verfuhr," einige holländische Eigenheiten übersehen. Gewiss ist das eine ganz einleuchtende Erklärung. Aber als Beweis dafür, dass in der That die uns vorliegende holländische Fassung die erste Ausgabe gewesen und dann in die niedersächsische umgearbeitet worden sei, darf jener Umstand doch nur mit Vorbehalt verwertet werden. Wir können auch sagen, ein holländischer Setzer habe die holländischen Eigenheiten hereingebracht. Oder — die Grundlage war holländisch und wurde dann einmal ins Niedersächsische übersetzt, das andere Mal holländisch abgedruckt.[11] Diese zuletzt vorgeschlagene Deutung wird in der That allen Beobachtungen Walthers am besten gerecht.

So lässt sich erklären, wie die Vorbemerkung vor dem Buch Tobias nur in der sogenannten 2. Ausgabe steht, während sie gerade der ersten fehlt. So verstehen wir, warum die zweite Ausgabe einzelne Druckfehler der ersten nicht, dagegen wieder neue aufweist (Sp. 669), warum einige Glossen der ersten Ausgabe in der zweiten fehlen, die doch ihrerseits wieder andere vor der ersten voraus hat (Sp. 670), warum nur ein Teil der niedersächsischen Exemplare (also der sog. zweiten Ausgabe) den oben angeführten Schlusssatz hat. Es erscheint uns nicht mehr merkwürdig, wenn „die zweite Ausgabe öfter noch enger, als die erste gethan, sich an die benutzten Hilfsquellen anschliesst" (ebenda). Kurz, wenn Walther am Ende seiner Ausführungen gestehen musste: „es sind dies Erscheinungen, welche uns daran irre machen möchten, dass die von uns als zweite bezeichnete Ausgabe an allen Partieen erst später als die erste gedruckt ist," so finden wir bei unserer Annahme, dass beide Fassungen auf eine gemeinsame holländische Grundlage zurückgehen, alles in schönster Ordnung. Freilich wird Quentell kaum gleichzeitig zwei so grosse Werke unter der Presse gehabt haben. Wenn aber eine der Fassungen vor der andern gedruckt wurde, so kann nur die sogenannte zweite vor der ersten, nicht umgekehrt die holländisch-kölnische Ausgabe vor der niedersächsischen gedruckt sein. Das lehren uns die Bilder. Einmal lässt sich das Fehlen der Bilder zur Apokalypse in der niedersächsischen Ausgabe schwer erklären, wenn wir sie für die zweite halten. Walther nimmt zwar zu diesem Zweck eine ältere These wieder auf: die Darstellungen, die Papst, Kardinal und Bischof in der Hölle zeigen, haben Anstoss erregt und sind deshalb in der zweiten Ausgabe fortgelassen worden. Allein wenn wir uns erinnern, dass sich selbst auf einem älteren Altarbild [12] in Köln eben diese Darstellung der Bestrafung hoher Kirchenfürsten in der Hölle findet, so werden wir jene Begründung verwerfen müssen. Auch können wir nicht sagen, die Stöcke mit den genannten Darstellungen seien nach dem ersten Abdruck verloren gegangen. Denn sie sind sowohl in der Kobergerschen Bibel von 1483, als in der Halberstädter von 1522 wieder abgedruckt. Vielmehr erscheint uns die Erklärung weit einfacher, dass jene Stöcke einfach noch nicht geschnitten waren, als die sogenannte zweite Ausgabe gedruckt wurde.

Zwingend vollends ist folgende Beobachtung. Verschiedene Holzstöcke zeigen in den Abdrücken der sog. ersten Ausgabe Sprünge, Lücken, Beschädigungen, Veränderungen, die den Bildern der zweiten Ausgabe fehlen. So steht im niedersächs. Druck auf dem dritten Bilde im Namen Kain zweimal fälschlich ein E: CAIEM. Im holländ. Druck ist das E entfernt: es steht nur noch da: CAI M. Im Bild Nr. 22 (bezw. 23) unseres Verzeichnisses: (Moses vor dem brennenden Busch) ist die Lücke im Rande im sog. ersten Abdruck grösser als im zweiten. Unter Nr. 64 (bezw. 66) geben die Drucke eine Schlachtdarstellung. Dazu wurde der Stock des für Nr. 96 (bezw. 98) gefertigten Bildes benutzt. Dieses Bild trägt aber im niedersächs. Druck oben etwas links von der Mitte unter dem Rand die Aufschrift: machubeorū. Diese Aufschrift passte nicht für die Verwertung des Bildes unter Nr. 64. Also wurde beim ersten Abdruck auf die Inschrift ein Blättchen Papier gelegt, so dass die Inschrift, aber auch der Rand nicht mit abgedruckt sind. Ganz deutlich ist jedoch in Blinddruck sowohl Inschrift als Rand zu erkennen. So in der niedersächs. Ausgabe. In der holländischen Fassung ist jedoch die Inschrift (nicht auch der Rand) herausgeschnitten: sie fehlt sowohl im ersten (Nr. 66), als im zweiten (Nr. 98) Abdruck des Stockes. Weiter: die Bilder 65. 75. 78 haben in der zweiten Ausgabe völlig wohl erhaltene Rahmen, während sie im sog. ersten Druck mannigfache Beschädigungen aufweisen. Unter den Bildern des Neuen Testaments hat Nr. 6 im zweiten Druck zwei Rahmenlinien, während das entsprechende Bild des ersten nur eine zeigt. U. s. w. Ich denke, diese Bemerkungen werden genügen, um zu zeigen, dass die bisher als zweite betrachtete Ausgabe in Wahrheit vor der sogenannten ersten gedruckt wurde. Wir glauben also: Quentell liess durch Schriftkundige einen verbesserten Text ausarbeiten, der — vielleicht schon, weil er grossenteils aus holländischen Hilfsmitteln zusammengestellt war — holländische Mundart zeigte.[13] Diese Uebersetzung wurde nun zunächst niedersächsisch gedruckt[14] und dann erst selbst (mit geringen Veränderungen) veröffentlicht.

Ueber die Art der Uebersetzung, die dabei benützten Vorlagen hat Walther so ausführlich gehandelt, dass wir uns mit dem Hinweis auf seine Erörterungen begnügen können.[15] Merkwürdig bleibt auf jeden Fall der Umstand, dass der Text nicht in kölnischer Mundart, sondern teils holländisch, teils niedersächsisch erschien. Doch ist das im ganzen gerade in Köln nichts Aussergewöhnliches. Des Gerardus de Schueren Vocabularius Teuthonista, Köln 1477, enthält neben den lateinischen die niederdeutschen Worte. Und ebenso ist der Sachsenspiegel 1480 und 1492 in Köln niederdeutsch erschienen.

Zur Erklärung dieser Erscheinung kann man allerlei Vermutungen aufstellen. In allererster Linie scheint die Rücksicht auf das Absatzgebiet massgebend gewesen zu sein. Und so betrachtet ist die Thatsache ein wertvoller Beitrag zur Geschichte der Schriftsprache. Denn sie zeigt, dass man um 1480 in Köln Niedersächsisch und Holländisch als gleichartige Schriftsprachen neben das Oberländische stellte.

Endlich mag noch des auffallenden Umstandes gedacht werden, dass sich Quentell gerade in diesem seinem grössten Werke nicht nennt, und dass hier auch die Approbation der Universität fehlt, während sich doch Name und Approbationsvermerk in allen den oben erwähnten Büchern aus den Jahren 1479 und 1480 finden. Ob der Drucker etwa aus denselben Gründen, die ihn dazu bestimmten, seiner Bibel eine so ausführliche Rechtfertigung vorauszuschicken (Walther Sp. 656 ff.), auch seinen Namen verschwieg, wissen wir nicht.

Auf die Vorlagen des Textes unserer Bibel müssen wir noch einmal zurückkommen, wenn wir die Entstehung ihres Bilderkreises ins Auge fassen. Zunächst schicken wir aber ein paar Bemerkungen über den Bilderschmuck[16] in beiden Ausgaben überhaupt voraus.

Die niedersächs. Fassung enthält 113 Bilder und auf vier Seiten Zierleisten. Solche Leisten finden sich: vor der Vorrede links eine Leiste mit Darstellungen einer Jagd (36,5 × 2,6 cm). Diese Leiste setzt sich oben noch ein paar Millimeter nach rechts fort. An sie schliesst sich unmittelbar die Oberleiste an, die untrennbar zu der vorigen gehört, da die Figur eines Bläsers auf beide verteilt ist (2,6 × 24,3 cm). Die Leiste rechts zeigt unten einen Mann mit dem Banner der Stadt Köln, drüber einen Drachen, oben einen Bogenschützen (33,8 × 5,5 cm). Unten steht eine Leiste, die in der Mitte die Anbetung Jesu durch die Heil. drei Könige, rechts und links je einen Wappenschildträger aufweist.

Der Schild rechts enthält wiederum das Kölner Wappen. Der Schild links ist leer.[17] (Dieses Stück ist 6,7 × 18,7 cm gross).[18] Vor dem Textbeginn derselben Ausgabe (Bl. 4) finden sich diese Leisten wieder, unten jedoch statt der Anbetung eine in der Grösse entsprechende Leiste, die in Ranken ein wildes Paar zeigt, das zwei leere Wappenschildchen hält (6,4 ×. 19,3 cm). Die erste Seite des Buchs der Sprüche und die erste Seite des Offenbarungsbuches sind mit denselben Leisten wie Blatt 4 verziert. Vor dem Neuen Testament finden sich dagegen keine Leisten.

Die holländisch-kölnische Ausgabe bringt vor der Vorrede die Jagdleiste (links und oben), eine Leiste mit tanzenden Narren (rechts, 33,6 × 5,6 cm.) und die Anbetung (unten). Neu ist also nur die Leiste rechts.[19] Vor dem Textbeginn sind diese vier Leisten wiederholt. Vor dem Neuen Testament stehen dieselben Leisten, nur ist an die Stelle der Narrenleiste wieder die mit dem kölnischen Bannerträger getreten. Vor der Offenbarung finden sich wieder die vier Leisten, wie zu Anfang. In dieser Fassung ist also nicht der Beginn des Buches der Sprüche, sondern der Beginn des Neuen Testaments besonders hervorgehoben.

Die Bilder messen durchschnittlich 19 × 12 cm. Eine Ausnahme macht nur das erste: die Darstellung der Schöpfung (18,8 × 18,8 cm.) Sie sind folgendermassen auf die einzelnen Bücher verteilt. Es zählt das Buch Genesis 19, Exodus 21, Leviticus 2, Numeri 9, Deuteronomium 2, Josua 2, Judicum 3, Regum I—IV 21, Paralipomena, Esdras, Nehemias 3, Tobias 3, Iudith, Esther, Job je eins, Psalter 2, Daniel 5, Macchabaeorum 4: zusammen 99 Bilder im Alten Testament. Davon ist Nr. 64=96, 89=52. Im Neuen Testament hat die niedersächsische Ausgabe je ein Bild vor jedem Evangelisten: 4, ein Bild der Uebergabe und Bestellung eines Briefes, das vor acht kanonischen Briefen wiederholt wird, und ein Bild vor der Offenbarung Johannis: zusammen also 14 Bilder. Darnach zählt die erste, (sogenannte zweite) Ausgabe 113 Darstellungen, die auf 103 verschiedene Holzstöcke zurückgehen.

Die holländisch-kölnische Fassung zeigt gegenüber der niedersächsischen im Bilderkreis folgende Abweichungen: in der Genesis ist ein Bild hinzugekommen (Nr. 19, Jakobs Segen), ebenso im Exodus (Nr. 38, Uebergabe des Gesetzes), so dass die Gesamtzahl der Bilder nicht 99 sondern 101 beträgt.[20] Im Neuen Testament ist zu dem kleinen Titelholzschnitt für die Briefe noch ein zweiter desselben Inhalts getreten (ohne dass die Gesamtzahl der Bilder verändert würde), und dazu noch acht Bilder zur Offenbarung. Darnach zählt das Neue Testament 22 Bilder (von 15 verschiedenen Stöcken), die ganze Bibel 123 Darstellungen. Insgesamt wurden also für das Werk 114 verschiedene Stöcke geschnitten, dazu sechs verschiedene Leisten.

Diesen ganzen recht ansehnlichen Bilderkreis hielt man bisher im wesentlichen für original. Besonders Muther spricht wiederholt[21] mit grosser Wärme von der „epochemachenden kölnischen Bibel, worin zum ersten Male in wahrhaft künstlerischer Weise die biblischen Erzählungen illustriert wurden. Die Holzschnitte sind gross und figurenreich und führen oft so geniale Kompositionen vor, dass wir, auch wenn es uns nicht im Buche selbst gesagt würde, doch mit Sicherheit auf die Nachahmung vortrefflicher alter Tafelbilder schliessen könnten." Die Stelle „im Buche selbst," auf die Muther hier Bezug nimmt, findet sich in der Vorrede und lautet in der niedersächsischen Ausgabe wie folgt: „Unde ouck umme dat meere ghenoechde unde leefde kreghe dee mynsche dese werdige hyllighe schrifft tho lesen unde sin tyt dar mede nuytlick thoe ghebruken: sint in etliken enden unde Capittulen figuren ghesat. Soe see van oldes ouck noch in veelen kercken unde cloesteren ghemaelt staen: welcke ock dat suluen de oghen ertoenen unde meer erclaren: dat de text des Capittels dar man de figuren vindet ynne hefft." Also: um das Verständnis des Textes zu erleichtern und zum Lesen anzuregen, sind hier und da Bilder angebracht, „wie sie seit Alters noch [heute] in vielen Kirchen und Klöstern gemalt stehen." Man hat diese Bemerkung meist so verstanden, als ob der Herausgeber die Bilder geradezu als Kopieen nach alten Tafelgemälden bezeichne. Davon kann aber ernstlich nicht die Rede sein. Die Absicht des ganzen Vorworts ist, wie das besonders Walther sehr klar ausgeführt hat, zu zeigen, dass diese Uebersetzung gar nichts Neues und Ungewöhnliches, sondern etwas Althergebrachtes sei. Dasselbe will nun der Herausgeber von den Bildern sagen: seit Alters giebt es Bilder von den heiligen Geschichten, warum sollte ich nicht meiner Bibelübersetzung ebenfalls Bilder beigeben? Etwas anderes darf man aus unserer Stelle nicht herauslesen. In der That hat auch noch niemand ein Tafelbild nachgewiesen, das einem unserer Holzschnitte zum Vorbild gedient hätte.

Vielmehr werden wir die Quellen des Bilderkreises in der Bibellitteratur suchen müssen. Wir gehen davon aus, dass die Illustrationen eines im 15. Jahrhundert gedruckten Buches in den allerseltensten Fällen auf Originalzeichnungen beruhen.[11] Fast stets sind die Illustrationen aus Handschriften kopiert. Um die Quellen für unsere Bibel aufzudecken, sehen wir uns zunächst die bei der Uebersetzung benutzten Hilfsmittel auf ihren Bilderschmuck hin an. Walther führt als erste Quelle eine der hochdeutschen Bibeln „vermuthlich die fünfte" an. Die fünfte hochdeutsche Bibel nach Walthers Zählung ist die angeblich bei Frisner und Sensenschmid in Nürnberg ungefähr 1474 gedruckte Uebersetzung.[12] Ihre Illustrationen sind jedoch von denen der zweiten Augsburger Bibel (Günther Zainer, ungefähr 1473) durchaus abhängig. Diese, die vierte deutsche Bibel nach Walther, hat denn auch dem Herausgeber der Kölner Bibel vorgelegen. Das Neue Testament nämlich unseres Werkes enthält abgesehen von den Zierleisten und den Illustrationen zur Apokalypse fünf Bilder (in der holländisch-kölnischen Ausgabe noch ein sechstes, das aber nur eine Variation des fünften ist), die ziemlich genau nach den entsprechenden Darstellungen in der Zainerschen Bibel kopiert sind. Und zwar sind die ersten vier Bilder vergrösserte Kopieen, das fünfte (und sechste) ist in gleicher Grösse schlecht und recht nachgeschnitten.

An zweiter Stelle nennt Walther unter den zur Uebersetzung benutzten Hilfsmitteln eine Handschrift der Klasse, der die niederdeutsche Bibel der Paulinischen Bibliothek in Münster (Ms. 183) angehört. Diese Handschrift selbst enthält keinerlei Illustrationen, und da sie die einzige bisher bekannte Vertreterin ihrer Uebersetzungsklasse ist, so können wir mit ihr weiter nichts anfangen. Ebenso hat die 1477 zu Delft gedruckte holländische Bibel, die nach Walther ebenfalls benutzt wurde, keine Bilder. Und die Handschriften, auf die sie zurückgeht, weisen einen von dem unseren so verschiedenen Bilderkreis auf, dass an eine Verwertung dieser Gruppe für unseren Illustrationencyklus nicht zu denken ist.

Damit sind die Hilfsmittel, deren Benutzung Walther für unsere Uebersetzung annimmt, erschöpft. Wir haben aber weder für die 9 Bilder der Apokalypse, noch für die 99 Bilder des Alten Testaments eine Vorlage gefunden. Also müssen wir uns anderweit umschauen.

Der Bilderkreis der Apokalypse muss nicht notwendig einer ganzen Bibel entstammen. Frimmel (die Apokalypse in den Bilderhandschriften des Mittelalters. 1885. S. 9 f, 25 ff. 66 f.) führt aus, dass im späteren Mittelalter sehr zahlreiche Bilderhandschriften der Apokalypse vorhanden gewesen sein müssen, die sich von einander bedeutend unterschieden. Leider nennt Frimmel keine Handschrift, die mit unserer Bibel in einem engeren Zusammenhang stände. Auch uns ist kein Werk begegnet, das einen dem unseren nahe verwandten Bilderkreis enthielte. So müssen wir uns denn damit begnügen, einstweilen ganz allgemein auf die Thatsache der weiten Verbreitung von Bilderhandschriften der Apokalypse hinzuweisen. Vielleicht fördert der Zufall einmal die Vorlage unserer Bilder zu Tage.

Noch schlimmer scheint es mit der Ableitung der Bilder des Alten Testaments zu stehen. Keine der vor 1480 gedruckten hochdeutschen Bibeln, keine der hochdeutschen Bibelbilderhandschriften — soweit uns solche bekannt geworden sind — hat auch nur einen verwandten Illustrationenkreis aufzuweisen. Auch die niederländischen und französischen Bilderbibeln, die wir gesehen haben, zeigen keinerlei Berührungen.

Da tritt eine Bilderhandschrift in die Lücke, die jetzt in der Kgl. Bibliothek in Berlin aufbewahrt wird. Obwohl noch nirgends besprochen und auch von Walther übersehen, scheint sie uns doch für die Geschichte der deutschen Bibelübersetzung und ihres Bilderkreises von einigem Wert. Wir lassen zunächst die Beschreibung folgen.

Ms. germ. fol. 516.

Papier und Pergament. 349 Bll. Zu Anfang fehlen wenigstens 12 Bll., dann zwischen dem ersten und dem zweiten noch ein Blatt. Blatt 242 ist zweimal gezählt. Zwischen 331 und 332 fehlen zwei (leere ?) Bll. Lagen von 12 Blättern. In jeder Lage ist das mittelste Doppelblatt Pergament. Die Lagen sind mit kleinen Buchstaben signiert. Nach Lage z sind die Signaturen nicht mehr zu bestimmen, da der Band zu stark beschnitten ist.

Von einer Hand zweispaltig geschrieben. Text 19,5 cm

hoch und 14 (6,5 + 1 + 6,5) cm breit. Ungefähr 40 Zeilen auf der Seite. Rote Ueberschriften (Angabe des Buches auf je zwei einander gegenüberstehenden Seiten: Gene — Sis und Kapitelaufschriften). Rote und blaue Initialen. Viele grosse Buchstaben rot durchstrichen. Zu Anfang grösserer Abschnitte sorgsam ausgeführte Initialen rot, blau oder golden auf grünem Grunde mit der Feder in verschiedenfarbiger Tinte ornamental umsponnen und gefüllt. Bisweilen Randleisten gleicher Technik (Bl. 260).

Hundert Bilder, die meist das obere Drittel, öfter auch die Hälfte einer Seite einnehmen, stets von einem Blattrande zum andern reichen. Sie sind ohne Rahmen.

Wasserzeichen des Papiers: Weintraube (32 Beeren, ein Trieb und Ring oben), kleiner Ochsenkopf (Nasenlöcher, Augen, Ohren, Hörner, Stange und Kreuz).

Blatt 1 (oben in der Mitte, rot): Sis (Gene — Sis), darunter ein Bild. Darunter: ind gebenedijt sij der hoege got dat hey dich beschirmde ind dye vyande gaff in dyne hende.

Es folgen: Genesis, Exodus, Leviticus, Numeri, Deuteronomium, Josua, Richter, Ruth, Könige 1—4, Tobias, Judith, Esther, Job, Daniel, die übrigen Propheten (ohne besondere Einteilung), Makkabäer 1—2 und ein Abschnitt Scolastica (getzogen uyss deme boiche Scolastica).

Ende (Bl. 255): Doe tzoigent sy zo Rome up dat sy des vaders unmechticheit zo deme keyser brechten. Hie mit hait dyt boich ende unse here helpe uns mit vreuden uys desem ellende herumb so loeuen wir got ind sprechent Benedyonge clairheit wysheit danck ere ind doichde sy deme almechtigen gode ewenclichen Amen. Amen.

Bl. 255': Hie begynnet dat boich der leyffden dat doe in brenget die selicheit der geistlichen leyffden Cantica canticorum Dat yrste capitell (H)Ey hait mir gegeuen den kuyss syns mondes.

Schluss (Bl. 259): dat is in alreleye gekruyde Amen. Libro finito sit laus et gloria christo. Bl. 259' leer.

Bl. 260: Hie begynt der pselter tzo duytschenn (b)eatus vir..

Die Psalmen sind nicht gezählt. Ohne Absatz sind angeschlossen: Confitebor. Ego dixi. Exultavit. Cantemus. Domine audivi. Audite celi. Benedicite. Benedictus. Te deum. Te dominum confitemur. Quicunque. Magnificat. Nunc dimittis. Die Antiphona: Herre en gedencke nyet mynre mysdait. Letania. Elf oraciones·

alles deutsch mit lateinischen Anfängen. Schluss Bl. 322': dat geschie uns allen samen in godes namen Amen. Amen. Et sic est finis, sit laus et gloria trinis. Es folgen die Tituli zu sämtlichen Psalmen und Lobgesängen: die Anfänge jedes einzelnen Stückes sind lateinisch und deutsch, je mit der Angabe der Situation, in der es entstanden ist, hergesetzt. Schluss Bl. 331: Afferte domino filij dei afferte domino filios arietum. Hie endet die taiffel der selters.
Bl. 331'—332 leer. Bl. 332': Hie begynnet dat boich genant apocalipsis dat yrste capittell. (D)ye underwysonge Jesu cristi de gaff got offenbair synen knechten.

Verschiedene Spalten und fünf ganze Seiten leer. Schluss Bl. 349': Genade onsme herren ihesu cristi mit uch allen Amen. Et sic est finis.

Die Mundart des Textes ist kölnisch.[14] Ich zweifle darnach nicht, dass die Handschrift in Köln selbst, oder in der nächsten Nähe der Stadt[15] geschrieben worden ist. Dies muss ungefähr um 1460 geschehen sein. S. unten S. 18 f. Der Text ist vielfach stark gekürzt. Dennoch dürfte er für die Entstehungsgeschichte der Kölner Bibel von einigem Werte sein. Denn die Kürzungen scheinen sich in der Hauptsache auf die Propheten und Lehrbücher zu beschränken, während die geschichtlichen Teile und dann z. B. wieder die Psalmen wohl fast in vollem Umfange gegeben sind. Nur vom Psalter kann ich indessen bestimmter behaupten, dass ein Zusammenhang mit der Quentellschen Bibel bestehen muss. Die Uebereinstimmung der Psalterübersetzung unserer Handschrift mit dem kölnischen Psalter der sogenannten ersten Ausgabe ist ziemlich gross: selbst Wortstellung und Wortwahl stimmen zusammen. Das ist schwerlich ein Zufall.

An welcher Stelle unsere Bibelhandschrift in den Kreis der deutschen Bibelübersetzungen einzureihen ist, vermögen wir nicht bestimmt zu sagen. Es scheint eine Verwandtschaft mit jenen holländischen Bibeln zu bestehen, die zwischen den Text Abschnitte aus der Historia scholastika einschieben.[16] Darauf deutet das Kapitel hinter den Makkabäerbüchern „getzogen uyss deme boiche Scolastica" hin. Noch näher verwandt mag unsere Handschrift mit dem 13. Uebersetzerkreis (nach Walther, Sp. 413) sein. Die (einzige) Handschrift dieses Kreises, Ms. germ. fol. 67 in Berlin, stimmt mit unserer Bilderhandschrift bis zum Buche Job im grossen

ganzen überein, abgesehen von einer grossen Einrückung im Ms. 67
hinter dem Buche Tobias, und abgesehen davon, dass die Handschrift
516 oft weit mehr kürzt, als Ms. 67. Aber z. B. die auffallende
Verschmelzung der Paralipomena mit den Königsbüchern haben beide
mit einander gemein. Vom Buche Job an ist eine Verwandtschaft
beider Handschriften nicht mehr zu erkennen. Genug. Wie auch die
Entstehungsgeschichte unserer Handschrift 516 sein mag, uns genügt
es, auf ihre grosse Bedeutung für die Würdigung der Quentellschen
Bibel hinzuweisen: ihr verdankt diese Bibel den Bilderkreis.

Wie wir uns durch einen Blick in das vergleichende Bilderverzeichnis überzeugen können, enthält die Handschrift sämtliche
Bilder der Bibel bis auf 25. Diese Lücken erklären sich folgendermassen. Einmal ist unsere Handschrift vorn nicht vollständig.
Es fehlt, wie die Signaturen ergeben, eine Lage = 12 Blätter.
Da die Handschrift jetzt mit einem Bilde beginnt, so ist kaum
daran zu zweifeln, dass die fehlenden zwölf Blätter ausser dem
Text der ersten dreizehn Kapitel auch die zugehörigen sechs Bilder
enthalten haben. Ferner: in unserer Handschrift ist, wie wir gesehen haben, der Text der Paralipomena gekürzt an den entsprechenden Stellen in die Königsbücher eingeschaltet, das Buch
Esra fehlt ganz. So werden wir erklärlich finden, dass die drei
Bilder zu Paralipomena I, 11 und II, 35 sowie zu Esdras 1 in
der Handschrift fehlen. Darnach bleibt im Alten Testament allein
das Fehlen des Titelbildes zum Psalter unerklärt. Von neutesta-
mentlichen Büchern enthält die Handschrift allein die Offenbarung
Johannis. Es muss zweifelhaft bleiben, ob auf die zahlreichen freien
Seiten, mit denen der Text durchsetzt ist, Bilder kommen sollten
oder nicht. Vielleicht enthielt die Vorlage unserer Handschrift
die Bilder, die der gedruckten Offenbarung zu teil wurden. Die
übrigen Bilder des Neuen Testaments können wir in der Handschrift nicht erwarten, da sie auch den zugehörigen Text nicht
enthält. Somit vermissen wir in der Handschrift eigentlich nur die
Darstellung des dichtenden Königs David vor den Psalmen und
allenfalls noch die neun Bilder zur Offenbarung. Wenn wir nun
erwägen, dass diesen zehn Bildern neunzig andere gegenüberstehen,
die sich inhaltlich vollkommen decken, so werden wir schon nach
dieser ganz äusserlichen Zusammenstellung nicht mehr an einer
engen Zusammengehörigkeit zweifeln können.

Sehen wir nun etwas genauer zu, so bemerken wir, dass die Uebereinstimmung sich keineswegs nur auf die Auswahl der dargestellten Vorgänge bezieht, was bei der Fülle der Möglichkeiten allein schon jeden Zufall ausschlösse: vielmehr decken sich die Bilder der Handschrift und des Druckes auch in den Grössenverhältnissen, in der genaueren Bestimmung des dargestellten Ereignisses, in der Auswahl der Figuren, im Beiwerk, in der Komposition.[17] Kurz die Holzschnitte des Druckes sind genaue Kopieen zwar nicht, wie wir gleich sehen werden, nach den Zeichnungen unserer Handschriften 516 in Berlin, wohl aber nach Bildern einer Handschrift, die mit der unseren ausserordentlich nahe verwandt gewesen sein muss. Wir wissen, dass auch im 15. Jahrhundert Bilderhandschriften sehr häufig genau kopiert wurden. Darnach nehmen wir an, dass von einer Urschrift x einmal unsere (gekürzte?) Handschrift 516 abstammt, andererseits eine zweite Kopie, y, die Quentell für die Herstellung des Bilderkreises seiner Bibel benutzte. Die Berliner Handschrift 516 lag dem Formschneider der Quentellschen Bibelbilder nicht vor. Diese Bilder haben nämlich eine ganze Reihe ursprünglicher Züge bewahrt, die den Zeichnungen der Handschrift fehlen. Um nur ein Bild zu vergleichen: in Nr. 63 des 1. (niedersächs.) Druckes (= Nr. 63 der Handschrift) ist links in einem Turm die Scene dargestellt, wie David Sauls Waffen zurückweist. In der Handschrift fehlt diese Darstellung, obwohl der Turm ganz ebenso da ist. Weiter trägt im Holzschnitt Goliaths Schild das ikonographisch für diesen Schild mindestens seit dem 14. Jahrhundert feststehende grosse Menschenantlitz, in der Federzeichnung nicht. Endlich kommt David dort mit dem Hirtenstab an (nach dem Text!), hier nicht. Dieses Verhältnis zwischen Holzschnitt und Federzeichnung wiederholt sich mehrfach. Darnach ist kein Zweifel: die Zeichnungen der Berliner Handschrift und die Holzschnitte der Quentellschen Bibel sind nicht von einander, sondern von einer gemeinsamen Vorlage x abhängig. Diese Urschrift x selbst aber hat der Verfertiger der Holzschnitte schwerlich vor sich gehabt. Wir verständen sonst nicht, warum er die Bilder Nr. 37. 38. 54. 58. 75. 76. 78. 80. 99. 100 der Handschrift, die doch jedenfalls auch in x vorhanden waren, nicht kopierte. Weiter dürfen wir aus Gründen, die erst weiter unten erörtert werden können (s. S. 34) annehmen, dass der Formschneider (oder der Zeichner für den Formschnitt) die Landschaften für die Schnitte seiner Vorlage entnahm. Wenn nun aber diese Vorlage x gewesen wäre, so begreifen wir nicht, warum der Illustrator unserer Bibelhandschrift seinerseits für ein schon ziemlich weit entwickeltes, jedenfalls ganz andersartiges Landschaftsschema wieder ein altertümlicheres (s. u. S. 27 f.) eingeführt hätte

Zwingend sind diese Gründe nicht. Allein sie machen sehr wahrscheinlich, dass zwischen x und den Holzschnitten noch ein Mittelglied anzusetzen ist. Trotz des Verlustes dieses Mittelgliedes springt die Zusammengehörigkeit der Holzschnitte und Zeichnungen so in die Augen, dass wir schliesslich noch folgendes bemerken können. An Stelle des 64. Bildes der Handschrift (David nimmt Sauls Becher u. Speer) haben beide Drucke eine Schlachtdarstellung. Diese Schlachtdarstellung ist aber dasselbe Bild, das in der Handschrift unter Nr. 95 (Judas Makkabäus siegt über Apollonius) auftaucht. Für dieses führen die Drucke ein Bild ein, das sich nicht in unserer Handschrift findet, gewiss aber dem Bilderbestand von x und y angehört. Ferner entspricht dem 74. Bild der Handschrift in den Drucken nicht eine Kopie dieses Bildes, sondern die Kopie des 99. Bildes der Handschrift, das seinerseits an seiner Stelle in den Drucken nicht vertreten ist.

2. Kapitel.

Die Zeichnungen des Ms. germ. 516 in Berlin.

Bevor wir zur eingehenden Erörterung der Holzschnitte der Kölner Bibel schreiten, ist erforderlich, dass wir die Zeichnungen der Berliner Handschrift 516 nach Form und Inhalt genauer ins Auge fassen. Denn wir müssen sie kennen, um sie mit den Holzschnitten vergleichen zu können. Die Vergleichung aber ist nötig, weil sie allein den Rückschluss auf die Art der gemeinsamen Vorlage ermöglicht. Und erst deren Kenntnis gewährt den richtigen Massstab für die Beurteilung der Holzschnitte.

Gezeichnet sind die Bilder unserer Handschrift mit der Feder in heller Tinte. Die Striche sind ganz gleichmässig, ohne Druck, sehr dünn, nicht zeichnerisch abgesetzt, sondern ununterbrochen gezogen oder, in längerer Ausdehnung, geradeaus geführt. Schatten ist durch einfache und Kreuzlagen dünner längerer Striche erzielt. Kleinere Schattenflächen sind ganz und gar mit dicht neben und über einander gesetzten, teils geraden, teils hakenförmigen feinen Strichelchen bedeckt. Da die Bemalung häufig ganz ausbleibt, so machen solche sorgfältig durch Stricheln in heller Tinte modellierte Partieen völlig den Eindruck von Grisaillen. Dass in der That ein Zusammenhang mit der Grisailletechnik besteht, lehrt die Bemalung. Sie dient fast ausschliesslich der Modellierung. Sehr häufig werden nur die Schatten gemalt. Sind die Schattenflächen aber schon von dem Zeichner mit der Feder gestrichelt, so bleiben oft genug auch sie unbemalt. Bisweilen werden sie noch mit dem Pinsel in einem neutralen Ton übergangen. Wo auch die Lichter Farbe erhalten haben, ist meist die ganze Fläche breit mit einem blassen hellen Ton überzogen. Darauf sind dann die Schatten etwas dunkler — häufig in Grau — mittels kurzer Pinselstriche aufgesetzt. Ueberhaupt überwiegt das Zeichnen mit spitzem Pinsel in kurzen Strichelchen weit die flächenhafte Bemalung. Die Pinselstriche sind dabei oft so dicht neben einander gesetzt, dass völlig der Eindruck einer breit gemalten Fläche erzielt wird. Charakteristisch ist, dass meist helle und fast nur gebrochene Töne verwendet werden: Rotbraun, Rosa, Braungelb, Gelbgrün, Stahlblau, Violett, Grau. Die reinen, saftig vollen Farben in tiefen Tönen fehlen ganz (abgesehen von den Initialen, in denen sie herrschen). Da nun insbesondere an den Figuren beinahe ausschliesslich neutrale Farben vorkommen, die nur der Modellierung dienen, während Lokalfarben höchst selten sind, ist in der That der Gesamtcharakter der Bilder dem der Grisaillen nahe verwandt.

Soviel zur Technik dieser Bilder, deren Bestandteile wir nun im einzelnen durchgehen wollen.

Die Figuren sind schlank und in den Verhältnissen richtig gezeichnet, insbesondere die Köpfe nicht zu gross. Die Gesichter sind sehr mannigfaltig: von einem starren Typus kann man nicht sprechen. Dass bestimmte Züge immer wiederkehren, wird bei Illustrationen nicht befremden. Ein volles Oval, recht regelmässig, mit hoher gerader Stirn, kleiner spitziger Nase, hoch geschwungenen Augenbrauen, ziemlich vollen Backen, rundlichem, kaum abgesetztem Kinn bildet die Grundlage, von der aus sich die meisten Gesichter entwickeln lassen. Doch nicht alle: es finden sich vereinzelte Gesichter mit sehr hoher gerundeter Stirn und kleiner lebendiger Stumpfnase, besonders bei Frauen, also Typen, die lebhaft an Stephan Lochners Mädchen und Frauen erinnern. Die Haartracht der Männer besteht häufig aus je einem kräftigen Haarwulst rechts und links und einem Busch oben: die drei Teile sondern sich deutlich von einander ab. Der Pharao trägt einmal einen langen geflochtenen Bart.

Die Gestalten geben und bewegen sich im ganzen gut. Manche Stellung ist indessen verunglückt. So kommt mehrfach ein mit gespreizten Beinen auf die Absätze gestellter Krieger vor, der aussieht, als müsste er hintenüber fallen. Die Bewegungen der Arme sind mitunter sehr gewaltsam. Die Hände weisen häufig die alte [26] Fingerstellung auf: der zweite und vierte Finger sind symmetrisch zum dritten gestellt, so dass die Spitzen aller drei auf einen Punkt hinweisen, während der erste und fünfte Finger abgespreizt sind. Neben dieser (anatomisch unmöglichen, aber lange Zeit sehr beliebten) Fingerstellung kommt noch eine andere erwähnenswerte vor: die Hand ist geöffnet, der Daumen von den vier andern Fingern abgespreizt, aber so, dass er zum Zeigefinger nicht einen rechten, sondern fast einen gestreckten Winkel bildet, d. h. mit ihm in einer Geraden liegt.[29]

Die Trachten entsprechen etwa denen des Dombildes. Es sind nicht mehr die phantastischen stoffreichen Gewänder mit überlangen, schleppenden Aermeln, die eng anliegenden, kurzen Jacken mit gewaltigem Gürtel, die langen spitzigen Schuhe. Vielmehr treffen wir weite, mit Pelz besetzte Röcke und Mäntel, seitlich geöffnete Uebergewänder, die durch einen tief sitzenden Gürtel zusammengehalten werden, abenteuerliche Kopfbedeckungen: alles weit, locker aus kostbaren Stoffen. Teilweise kommen noch Zaddelbesätze vor. Ueberhaupt ist diese Kleidung weit davon entfernt, nüchtern zu sein. Es finden sich auch schon vereinzelte Anzeichen der nächsten Mode. Engere Kleidungsstücke, Schnabelschuhe, Trippen tauchen auf. In dem Bilde: Samuel salbt Saul zum Könige (Bl. 115) steht rechts ein junger Mann, der sichtlich ganz modern gekleidet ist. Er trägt eng anliegende Beinkleider, eine Jacke mit hohem Kragen und (noch schmalem) Brusteinsatz. Die Aermel sind über den Achseln hoch gepufft und lassen durch einen seitlichen Schlitz den Arm im Unterärmel frei hindurch, während sie selbst herabhängen. An dem festgezogenen Gürtel hängt in der Mitte des Leibes vorn ein Stossdegen. Die Füsse stecken in Schnabelschuhen, den Kopf bedeckt ein breiter flacher Hut, der durch ein Tuch unter dem Kinn festgehalten wird. Dies ist genau die Tracht, die ungefähr seit 1450—60 Mode wird. Da sie hier nur so ganz vereinzelt auftaucht, scheint sie zur Zeit, da unsere Bilder entstanden, noch nicht zur allgemeinen Herrschaft gelangt zu sein.

Ebenso macht sich in der Kleidung der Frauen in unserer Handschrift nur vereinzelt die jüngere Mode bemerkbar. Es überwiegt das lange Kleid mit engen Aermeln, teilweise auch mit Halsausschnitt und weiten Ueberärmeln, stets mit eng anliegender

Taille. Ihrer Rolle entsprechend ist aber z. B. Judith sehr interessant nach neuestem Geschmack gekleidet. Sie trägt ein Kleid mit Halsausschnitt, hoher ganz gerader, vorn geschnürter Taille und weitem Rock, einen sehr hohen zweiteiligen Kopfschmuck und lange schmale Schuhe auf Trippen. Wenn auch alle diese Eigenheiten der Tracht übereinstimmend unsere Zeichnungen in die Zeit um 1460 weisen, so dürfen wir doch auf diese Beobachtungen nicht allzuviel Gewicht legen, da die Trachten ja immer nur einen terminus a quo zur zeitlichen Bestimmung eines Kunstwerks abgeben. Wichtiger ist uns hier, dass die sorgsame Ausführung der Kleidung den Zeichner als einen frisch beobachtenden Mann erweist, der ein offenes Auge für seine Umgebung hat.

Fassen wir nun die Gestalten im ganzen ins Auge, so müssen wir sagen, dass sie uns über den künstlerischen Zusammenhang unserer Illustrationen etwa mit der Kölner Malerei dieser Zeit gar nichts Sicheres verraten. Ueber die Figuren des Meisters Wilhelm und seiner nächsten Nachfolger weisen sie weit hinaus. An Stephan Lochners Männer und Frauen finden sich nur ganz vereinzelte Anklänge. Denn wenn z. B. auch eine der Frauen in Mirjams Begleitung (Bl. 48) mit der Jungfrau vorn links neben der heil. Ursula im Dombilde in Typus, Tracht und Stellung grosse Aehnlichkeit zeigt, so ist doch die Verwandtschaft noch lange nicht eng genug, um eine direkte Entlehnung annehmen zu müssen Ebensowenig finden sich unzweifelhafte Beziehungen zu den Kölnischen Meistern der sechziger und siebziger Jahre. Kurz die Typen verraten uns nicht, wo wir den Illustrator einzuordnen hätten.

Der Schauplatz der Begebenheiten ist meist nur ein ausgedehnter Bodenstreifen. Wir erinnern uns, dass sich die mittelalterliche Illustration regelmässig mit einem schmalen Band begnügte, das rechts und links je eine Kulisse zur Andeutung des Vorgangs trug und in der Mitte die handelnden Figuren in charakteristischer Silhouette einander gegenüber zeigte. Dieses Schema liegt noch einer stattlichen Reihe von Bildern unserer Handschrift zu Grunde Die obere (hintere) Linie des mässig breiten Bodenstreifens bildet wagrecht den Horizont, ab und zu mit Bäumen besetzt. Vorn befindet sich rechts und links je ein Felsen mit Bäumen oder Gebäuden, oder auch eine grosse Architektur je nach Erfordernis.

Diese beiden Kulissen rechts und links sind meist durch eine
mässig geschwungene, also nach der Mitte zu sich senkende Linie
verbunden, die eine Bodenwelle bildet; hinter ihr befinden sich
die Figuren. Das ist im Grunde noch durchaus die alte Anordnung,
nur dass dem Bodenstreifen hier durch einige wenige perspektivische
Hilfsmittel mehr Tiefe gegeben wird, und die Personen nicht
unmittelbar am vorderen Rande stehen. Eben dadurch aber, dass
der Streifen wirkliche räumliche Tiefe hat, ist auch die Grundlage
der mittelalterlichen Illustration schon überwunden. Und in der
That begegnen wir nun allen Zwischenstufen bis zur ausgebildeten
Landschaft mit weiter Ferne. Noch tauchen hie und da die steno-
graphischen Bäumchen, Gebäude auf Felsen, die alten gezackten
Wolken auf, aber ebenso oft finden sich ganz charakteristische,
der Wirklichkeit nachgebildete Formen. So treffen wir hier eine
ganze Reihe z. T. recht natürlicher Baumtypen. Die Felsen
sind bisweilen ganz individuell zerklüftet.

Dieselbe Beobachtung machen wir an den dargestellten Tieren.
Die Wespen und Heuschrecken der ägyptischen Plagen sind
sehr genau, wenn auch eben darum viel zu gross wiedergegeben.
Auch hübsche Pferde — freilich zu klein — finden sich, und nur
die Elefanten zeigen, dass der Zeichner schwerlich je ein solches
Tier zu Gesicht bekommen hat.[30]

Eben diese Treue der Darstellung lässt sich auch den zahlreichen grösseren Gebäuden nachrühmen. Üppige spätgotische
Architektur mit feinem Masswerk und mit figürlichem Schmuck,
sehr sorgsam ausgeführt, kommt vor, und auch die einfacheren
Bauten sind mit ganz anderer Genauigkeit der Wirklichkeit nach-
gebildet als vordem. Die Burgen auf den Hügeln sind ausführlich
wiedergegeben, Mauern umschliessen sie und decken den Weg,
der im Zickzack den Burghügel hinaufführt. Ebenso sind die grossen
gotischen Türme, die hier und da die blauen Schieferdächer einer
Stadt überragen, recht getreu dargestellt. Flusswindungen oder
Wege, die sich zwischen Hügeln hinziehen, dienen dazu, Entfern-
ungen zu entwickeln. Bäume und Schiffe spiegeln sich im Wasser,
und selbst das Rote Meer ist hier eine wirklich zwischen Ufern
liegende rote Fläche.

Mehr als all dies hat es aber zu bedeuten, wenn nun auch
der Versuch unternommen wird, eine grosse, aus allen den sorg-

sam beobachteten Einzelheiten aufgebaute Landschaft zu schildern. Dieser Versuch findet sich mehrfach. Insbesondere liebt es der Zeichner, ein weit sich hinziehendes Flussthal darzustellen: Städte und Weiler liegen an den Ufern, einzelne von allen Seiten steil ansteigende Berge, von Burgen gekrönt, erheben sich darüber und schliessen in der Ferne das Bild ab. Es kann kein Zweifel sein: das Rheinthal mit dem Siebengebirge, die Heimat ist es, die uns der Zeichner da mit immer frischer Liebe schildert.[31] Freilich — es ist ihm nicht gelungen, diese grösseren Landschaften einheitlich zu gestalten. So kommt vor, dass Bäume, die im Hintergrund wurzeln, viel grösser sind, als solche, die im Vordergrund stehen. Von einer einheitlichen Luftperspektive kann natürlich auch noch nicht die Rede sein. Dass die fernen Berge blass stahlblau erscheinen ist so ziemlich das einzige, was nach dieser Seite zu erwähnen wäre. Allmähliche Uebergänge finden sich nicht: dicht hinter gelbgrünen Hügeln steigt die blaue Ferne auf. In diese Landschaft setzt der Zeichner nun seine Figuren. Aber — das muss von vornherein bemerkt werden — von einer wirklichen Verschmelzung, Verarbeitung dieser Figuren mit dem Schauplatz ist keine Rede. Die ganze Landschaft ist eigentlich Ferne, höchstens Mittelgrund. Nirgends gelingt es, einen ausfuhrlichen Vordergrund überzeugend darzustellen, so dass die Personen mit dem Boden, auf dem sie stehen, zusammenwüchsen. In der Regel befinden sich die handelnden Hauptpersonen ziemlich weit vorn. Der Erdboden um sie herum ist aber nicht im richtigen Grössenverhältnis zu ihnen ausgeführt. Ja mitunter sind die Bäume und Gebäude, die vor ihnen, dem Beschauer näher stehen, kleiner gezeichnet, als sie.

Die Gruppierung der Gestalten an sich ist meist glücklich. Die alten regelmässigen Verstösse gegen die Perspektive in der Gruppenbildung sind vollkommen überwunden. Sobald aber diese Gestalten in Beziehung zu ihrer Umgebung treten, machen sich zahlreiche Fehler bemerkbar. Dass z. B. der Tempel, den Salomo mit der Königin von Saba besichtigt, ganz lächerlich klein ist, das ist ebenso gut ein Erbe des Mittelalters, wie das winzige Fuhrwerk, das den alten Jakob nach Aegypten bringt, oder die kleinen Pferde überall. Ebenso ist der Illustrator noch nicht darauf verfallen, für Scenen, die im Innern eines Gebäudes vor sich gehen, ideale Durchschnitte durch die betreffenden Räume einzuführen. Meist sehen wir das Haus, das in Betracht kommt, in ganzer Ausdehnung von aussen: die Vorderwand ist dabei in weitem Bogen geöffnet, so dass wir auch ins Innere blicken können. Dadurch wird allerdings der Vorteil erreicht, dass mehrere Scenen einer Geschichte zugleich vorgeführt werden können: z. B. Joseph sitzt mit seinen Brüdern zu Tische (im Haus), während draussen der Becher in Benjamins Sack verborgen wird. Oder: in seinem Bett, das den Innenraum eines Hauses von der beschriebenen Art vollständig füllt, erblicken wir den schlafenden Pharao. In der Hinterwand des Gemaches zeigt ein Fenster die Darstellung der Aehren, von denen er träumt. Draussen aber in der hügeligen Landschaft, in der das Haus steht, weiden rechts die fetten, links die mageren Kühe. Und ähnliche Scenen mehr.

Der Blick in die Strassen einer Stadt ist nie dargestellt. Der einzige derartige Versuch zeigt den Illustrator vielmehr noch tief in den Anschauungen der mittelalterlichen Illustration befangen. Die Scene während der Hungersnot im belagerten Samaria (Könige IV, 6) ist so wiedergegeben: in einer weiten Landschaft sehen wir das Lager der Aramäer mit seinen Zelten, dem Belagerungsgeschütz u. s. f. Hinten an einem breiten Flusse landen Schiffe ungezählte Bewaffnete. Links ist die Stadt Samaria zu sehen, d. h. ein grosser Platz von Gebäuden und einer Mauer umgeben. Diese Mauer ist vorn so niedrig gezeichnet, dass wir auf dem Platz dahinter die beiden streitenden Frauen und das Kind erblicken. Die Figuren sind um mehr als das Doppelte zu gross. Ueber der hintern Mauer erscheint das Brustbild des Königs. Deutlich wirkt in dieser Darstellung noch die alte Illustrationsweise nach: Darstellung der wesentlichen Teile der Erzählung ohne Rücksicht auf ihr reales Grössen- und Situationenverhältnis. Offenbar hat der Zeichner sein Unvermögen, die Vorgänge in Innenräumen oder innerhalb der Strassen einer Stadt der Wirklichkeit entsprechend wiederzugeben, gefühlt. Oefter verzichtet er auf den Versuch und verlegt Vorgänge, die nur im Innern eines Gebäudes gedacht werden können, ins Freie. So sind z. B. der Segen Jakobs, das Passahmahl und andere Ereignisse dargestellt. Wiederholt ist es aber doch gelungen, durch eine beträchtliche Ausdehnung des Schauplatzes in die Tiefe und durch Einführung wirklich möglicher grosser Architekturen überraschend lebensvolle Gesamtbilder zu schaffen. Ganz überraschend ist die Scene, da Bathseba in einem offenen See badend durch den König David von dessen prächtigem Turme aus beobachtet wird. Und wie weit lässt die Darstellung, da Bären von einem bewaldeten Berge herabtrottend sich auf die spottenden Knaben stürzen, alle älteren Schilderungen des Vorgangs hinter sich! Solche glückliche Ausbeutung der gegebenen Motive finden wir nicht gerade selten.

Wenn wir nun unser Augenmerk auf den psychologischen Teil der Schilderung richten, die Auswahl der Scenen, ihre Verarbeitung, so ist zu sagen, dass uns diese Seite der Illustration nicht eben sehr zu befriedigen vermag. Zunächst liesse sich wohl eine andere Auswahl von Darstellungen zur Illustration der biblischen Geschichte denken, reicher an packenden Momenten, an bewegteren, leidenschaftlicheren Scenen. Wir finden in unserem Bilderkreis vorwiegend solche Vorgänge vertreten, die eine ruhige Gruppenbildung erlauben: die handelnden Personen, hinreichend charakterisiert, stehen sich gegenüber, lebhafte Gestikulation, sprechende, klare Bewegung machen deutlich, worum es sich handelt. Der Vorgang ist dann allermeist ohne Schwierigkeit zu deuten. Joseph wird ins Gefängnis geworfen, der Richterspruch Salomos, die Heilung des alten Tobias durch seinen Sohn: das sind Muster klarer Schilderung lediglich mit den alten Mitteln. Handelt es sich aber einmal darum, ein Ereignis zu schildern, dessen Schwergewicht in den Seelenvorgängen der Beteiligten liegt, so versagt die Kunst unseres Illustrators. Nur die Wiedergabe heftiger Affekte gelingt ihm hie und da — wenn er sie überhaupt zu schildern wagt. Allermeist mühen wir uns jedoch vergeblich, die seelischen Begleiterscheinungen der Vorgänge, ihre Ursachen und Wirkungen auf den Gesichtern der Personen abzulesen. Da es fast ausnahmslos einfache und entschiedene Handlungen sind, die geschildert werden sollen, macht sich jener Mangel nicht allzustark bemerkbar. Es kommen jedoch auch schwierigere Aufgaben vor, und diese sind nur selten befriedigend gelöst. Wir treffen da mitunter eine unklare Vermischung mehrerer Momente einer Geschichte. Es ist in solchem Falle nicht ein einzelner Augenblick des Verlaufs erfasst, der das Vorher und Nachher erraten lässt, sondern gewissermassen der Verlauf selbst. So beim Richtspruch Daniels über die beiden Aeltesten. Offenbar hat sich da eben erst durch die Antwort des zweiten die Schuld der Verläumder ergeben, denn der zweite steht noch vor dem Richter. Trotzdem sind beide schon ihrer Kleider beraubt, um nach dem Richtplatz geschleppt zu werden, den man im Hintergrund sieht : es soll womöglich alles auf einmal erzählt werden. Etwas anderes ist es, wenn durch Felsen oder irgend sonst wie getrennt verschiedene Scenen einer Geschichte auf einem Bilde vereinigt werden. So sehen wir auf unserer Tafel 2 oben die Aussetzung, unten die Auffindung, rechts auf dem Hügel die aus der Legende stammende Scene der Jugendgeschichte Mosis, wie er dem Pharao die Krone vom Haupte nimmt. Hier hat die Vereinigung der drei Scenen auf einem Bilde kaum etwas Störendes. Störender wirkt schon, wenn weit aus einander liegende Geschichten, die oft ohne jeden inneren Zusammenhang sind, neben einander dargestellt werden, nur etwa durch einen schroffen Felsen von einander getrennt. Man vergleiche die Darstellungen Nr. 15. 55. 65. 71. 77. 78.

Wir haben mehr die Züge hervorgehoben, die unseren Zeichner oder seine Vorlage mit den Vorgängern verknüpfen, als das, was ihm neu und eigentümlich ist. So könnte man dazu kommen, ihn für einen zurückgebliebenen Nachzügler zu halten. Damit würde man ihm aber Unrecht thun. Eine völlig neue Kunstweise wird nicht auf einen Tag erobert. Wenn wir sehen, wie selbst den grossen niederländischen Malern des 15. Jahrhunderts noch allerlei Altes anhaftet, so werden wir von einem Illustrator, der vielleicht ganz in mittelalterlicher Weise gehaltene Bildchen zu seinen grossen Darstellungen umschuf,[32] nicht mehr erwarten. Ueberall drängt er über das Ueberkommene hinaus. Nur gelingt es ihm noch nicht, die Fülle der Einzelerrungenschaften zu einem einheitlichen Bilde zusammenzuordnen. Oft sehen wir förmlich, wie er in einer neuen Entdeckung schwelgt : jenes Flussthal mit den blauen burggekrönten Bergen kehrt immer wieder. Und da er gefunden hat, wie eine vielköpfige Versammlung (statt der paar Vertreter, die das Mittelalter aufzustellen liebte) darzustellen sei, da reiht er Kopf an Kopf in unübersehbarer Menge, die Thäler ein und aus, dass sie nicht

mehr zu zählen sind. Solche Züge weisen nächst der feinen
sauberen Technik am nachdrücklichsten darauf hin, dass wir in dem
Zeichner unserer Illustrationen einen wohlgeübten Arbeiter sehen
müssen, dem offene Augen und eine geschickte Hand eigen
waren, der aber von der gleichzeitigen raschen Entwickelung der
grossen Malerei ziemlich unberührt geblieben ist.

3. Kapitel.

Die Holzschnitte der Kölner Bibel.

Wie weit die Holzschnitte der Kölner Bibel mit den Federzeichnungen der Berliner Handschrift Nr. 516 übereinstimmen, das zu wissen, ist uns sehr wertvoll. Dürfen wir doch als sicher annehmen, dass alle die Züge, die die beiden abgeleiteten Denkmäler mit einander teilen, schon ihrer Vorlage angehörten, zumal wenn sie etwas auffallender Natur sind.

Die gemeinsamen Züge überwiegen weit. Insbesondere finden wir fast alle jene Unvollkommenheiten, die einer früheren Periode der Illustration entstammen, auch in den Holzschnitten wieder: die ausführliche Behandlung von Einzelheiten z. B. der Tiere (Wespen, Heuschrecken) und Gebäude, die Grössenmissverhältnisse zwischen Personen und Architektur oder Gerät, die vorn offenen Häuser, die Darstellung so und so vieler Scenen, deren Verlauf wir uns nur in Innenräumen denken können, im Freien, die Vereinigung ganz verschiedener Vorgänge auf einem Bilde, weiter gewisse perspektivische Versehen und anderes mehr. Es ist wichtig, diese Uebereinstimmung hervorzuheben. Denn so ergiebt sich, dass eine ganze Reihe Fehler, die man den Bildern der Quentellschen Bibel vorwerfen konnte, in Wahrheit schon der Vorlage angehörte, somit viel älteren Ursprungs und tief in den noch unbeholfenen Versuchen einer Uebergangszeit der Kunst begründet ist.

Wenn wir uns nun den Unterschieden zwischen den Federzeichnungen und den Schnitten zuwenden, so müssen wir zunächst daran erinnern, dass diese Unterschiede auf ganz verschiedene Ursachen zurückgehen können. Teils wichen die Bilder der

Vorlage unseres Formschneiders[13] schon von den Federzeichnungen der Berliner Handschrift ab, teils wurden sie für den Formschnitt noch weiter umgezeichnet, da sie sich, so wie sie waren, nicht ohne weiteres in Holz schneiden liessen.

Zunächst würden wir erwarten, in den Schnitten gegenseitige Kopieen[34] der Federzeichnungen zu finden.[35] Das trifft aber nur bei einem Teile der Bilder zu. Unter den 84 Darstellungen, die sich inhaltlich genau decken, sind 50 gleichseitige, 30 gegenseitige und drei gemischte Kopieen, während ein Bild so verändert ist, dass man von einer Kopie nicht mehr sprechen kann. Wie sollen wir uns diese auffallende Erscheinung denken? Wir begreifen nicht, warum sich der Zeichner für den Formschnitt die ganz zwecklose Mühe gemacht haben sollte, seine Vorlage gegenseitig abzuzeichnen, um gleichseitige Kopieen im Druck zu erhalten. Und doch scheint das bei einer ganzen Anzahl von Bildern wirklich der Fall zu sein. Einen Grund allerdings könnte man sich denken Er wird uns deutlich, wenn wir die gegenseitigen Holzschnitte genauer betrachten: in einzelnen dieser Bilder führen manche Personen die Waffen in der linken Hand, greifen mit der Linken zu u. s. f. Doch wäre dieser Uebelstand auch durch leichtere Veränderungen zu beseitigen gewesen, als es das völlige Umzeichnen des ganzen Bildes ist.

Was die Aenderungen der Komposition und des einzelnen angeht, so beschränken wir uns darauf, das hervorzuheben, was zur Charakteristik des Formschneiders oder des Zeichners für den Formschnitt wichtig ist. Einmal hat die Landschaft beträchtliche Umgestaltungen erfahren. Wir haben oben hervorgehoben, dass in den Federzeichnungen der Handschrift sehr oft noch das alte Schema des Schauplatzes zu Grunde liegt. Ueber der geschwungenen, rechts und links in einen Hügel auslaufenden Bodenlinie hatte man eine gerade Horizontallinie eingeführt und die Personen auf das so umschriebene Feld gestellt. Wo die Landschaft erweitert werden sollte, hatte man unmittelbar eine ausgedehnte Ferne angeschlossen, meist ein Flussthal mit verdämmernden Bergen im Hintergrunde. Von einem eigentlichen Vorder- und Mittelgrunde war gar nicht die Rede. Ganz anders hier. Hier ist die Ferne mit den kleinen steilen Bergen ganz weggefallen. Dafür ist der Mittel- und Vordergrund viel ausführlicher behandelt.

Die Spuren eines Zusammenhanges dieser Schauplätze mit den spätmittelalterlichen Bodenstreifen sind völlig verwischt. Vorn finden wir einzelne grosse Gebäude, Bäume, Felsen, sorgsam gezeichnete steinige Wege, Grasbüschel, Wasser mit Schilf und Schwänen, Kaninchen, die ein- und ausschlüpfen u. s. f. Den Mittelgrund nehmen meist einander überschneidende flach gerundete Hügel ein, von Buschreihen gekrönt, oder auch einmal Wasser, das von niedrigen Bergen mit Gebäuden begrenzt ist. Gewöhnlich sind Hügel oder Berge hinten ziemlich hoch gezogen und überschneiden noch Gebäude, Kirchtürme, Mauern, die darnach hinter den Bodenwellen gedacht sind. Mitunter schliesst auch eine grössere Stadt den Mittelgrund. Zu den Hügeln empor ziehen sich geschlängelte Wege, die den Eindruck der Ausdehnung in die Tiefe verstärken. Meist sind die Schauplätze räumlich durchaus klar.

Nun ist die Frage: unterschied sich schon die Landschaft in y von dem Schema der Berliner Handschrift, oder gehört die eben beschriebene Art allein den Holzschnitten an?

Jene rundlichen einander überschneidenden Hügel, die geschlängelten Wege, die Buschreihen, die halb verdeckten Gebäude und Städte, der sorgsam ausgeführte Vordergrund: das alles erinnert zu lebhaft an gleichzeitige niederländische Handschriftillustrationen, als dass ein Zufall im Spiele sein könnte. Wir dürfen also jene Doppelfrage genauer auch so fassen: entweder y war mit Bildern in der Art der niederländischen Illustration aus den sechziger Jahren versehen, oder der Zeichner der Holzschnitte war ein Niederländer.

Entscheiden können wir uns vorläufig weder für die eine noch für die andere Möglichkeit. Höchstens in einem Stück kommen wir noch etwas weiter. Auch die niederländischen Miniaturen jener Zeit verzichten selten auf den Reiz der verblassenden Ferne. Unseren Holzschnittlandschaften fehlt aber gerade die Ferne gänzlich. Dieser Umstand lässt sich vielleicht durch folgende Erwägung erklären.

Der Holzschnitt ist kein adäquates Bild der Wirklichkeit. Er bedeutet vielmehr eine Abstraktion. Nirgends in der Natur sehen wir harte schwarze Umrisse, Schatten in schwarzen Strichen, diese gänzliche Farblosigkeit der Schwarzweisskunst. Die farbige

Natur ist im Holzschnitt in ein Gefüge einfarbiger Linien übersetzt. Zum vollen Verständnis der Ferne aber gehört für uns fast notwendig das helle Blau. Das konnte der Holzschnitt nicht bieten, also musste die Ferne wegfallen. Oder wir können auch so sagen: in jener Frühzeit, in der unsere Schnitte entstanden, wusste man noch nicht überall die Abstraktion von dem wirklich Gesehenen so weit zu treiben. Man verzichtete lieber auf die Ferne, die man farblos nicht darzustellen wagte, und komponierte die Bilder darnach um. Eine gewisse Scheidung zwischen Vorder- und Mittelgrund verstand man sehr wohl durchzuführen: das Entferntere wird nur im Umris gegeben ohne Innenzeichnung und Schattierung. Darüber hinaus aber wusste man keinen Rat. Die feinen Abstufungen etwa einer Dürerschen Landschaft in Holzschnitt kannte man noch nicht. So werden wir wohl sagen dürfen, dass unser Formschneider mit gutem Verständnis des für seine Kunst Erreichbaren die Kompositionen ordnete.

Andere Abweichungen mögen schon der Vorlage angehören. So, wenn Josephs Abführung ins Gefängnis hier in einem geschlossenen Hofraum vor sich geht, und ähnliches. Dass in der Bathsebageschichte aus der hübschen Badescene hier wieder ein Fussbad geworden ist, hat ja einen nahe liegenden Grund. Ob aber die Veränderung erst in der Zeichnung für den zur weiten Verbreitung bestimmten Holzschnitt vorgenommen wurde, oder schon früher, lässt sich nicht mehr ausmachen.

Weit interessanter sind allerlei Zuthaten, die wir im Druck finden. Die Seen und Teiche, die von Schilf (mit hübschen Schilfkolben) eingesäumt und von Schwänen belebt sind, die Vögel in der Luft, die ein- und ausschlüpfenden Kaninchen wurden schon erwähnt. Aber auch ganze Genrefiguren sind eingeführt: so schnuppert einmal ein Hund an einer Kröte herum, ein andermal bellt der Hirtenhund des Moses den brennenden Busch an. Weiter finden sich allerlei wohlbekannte Baulichkeiten der kölnischen Heimat abgebildet: die Windmühlen auf den Hügeln oder auf den Türmen der Stadtmauer (Nr. 90), Chor und Westbau des Doms mit dem Krahn (Nr. 82), der südliche Teil der Stadt vom Rhein aus gesehen mit dem grossen viereckigen Bayenturm und der Terrasse am Rheinufer (Nr. 58).

Wie der Schauplatz der Ereignisse unter dem bestimmenden

Vorbild älterer, unfreier Illustrationen steht, so sind auch die Vorgänge nicht psychologisch vertieft worden. Ja, die Holzschnitte vermögen ihrer ganzen Art nach eher noch weniger, als die Federzeichnungen der Handschrift das psychologische Moment der Geschehnisse zum Ausdruck zu bringen. Darum ist auch hier der Hauptnachdruck auf die Handlung gelegt, die durch lebhafte Bewegung und Gestikulation versinnlicht wird. Was wir bei der Besprechung der Zeichnungen über diese Seite der Schilderung gesagt haben, gilt so auch von den Holzschnitten. Ueber die Typen werden wir zu sprechen haben, wenn wir die Stileigenheiten des Formschneiders erörtern. Nur das sei hier noch hervorgehoben, dass die Trachten etwas andere und wenigstens teilweise moderner sind. Insbesondere die reichen gemusterten Brokatgewänder begegnen auf jedem zweiten Bilde.

Zur Untersuchung des unbezweifelbaren Eigentums des Formschneiders an den Holzschnitten mag uns eine Bemerkung überleiten, die zunächst und wohl überhaupt nur eben von den Schnitten gelten kann. Unverkennbar herrscht das Bestreben vor, den Bildrahmen möglichst auszufüllen. Zu diesem Behuf ist der Horizont (die Hügelreihen u. s. f.) sehr hoch gezogen. Bäume und Gebäude dienen demselben Zweck und schliesslich füllen noch die ganz unverhältnismässig grossen Vögel leere Stellen am Himmel aus. Aus diesem Bestreben ist es wohl auch zu erklären, dass das Verhältnis der Personen zur Landschaft hier etwas anders ist, als in den Federzeichnungen. In den Schnitten nämlich nehmen die Menschen durchschnittlich drei Viertel der Höhe des Bildraums ein, während in der Handschrift das durchschnittliche Grössenverhältnis ein wenig geringer ist.

Wir haben bisher sämtliche Holzschnitte als gleichwertig behandelt, als ob sie alle von einem Formschneider stammten. Das trifft nicht zu. Die Bilder 7, 8, 13, 16 und 26 sind von einer anderen Hand,[36] als sämtliche übrigen Darstellungen des Alten Testaments. Dieser zweite Formschneider arbeitete aber zweifellos nach Aufzeichnungen von ganz derselben Art, wie sie seinem Genossen vorlagen. Nur geschnitten sind die erwähnten Bilder anders, als die übrigen.

Der zweite Formschneider ist kein geübter Arbeiter: seine Umrisse sind ungleichmässig, bald stärker, bald schwächer. Ebenso ist die Schraffierung aus ungleich starken, meist derben, nicht parallelen Strichen gebildet. Die Gesichter sind unbeholfen, unklar, z. B. Nase und Augen roh aus ganz ungeordneten Strichelchen hergestellt. Die Zeichnung wird unter seinen Händen zu einem unschönen, eckigen, unsauberen Liniengefüge. Oft ist zu viel Grund ausgehoben, oft zu wenig, wodurch bald Lücken, bald schwarze Flächen entstehen. Kurz es scheint ein ganz ungeschickter Arbeiter diese gewiss von dem ersten Formschneider aufgezeichneten Bilder geschnitten zu haben.

Im Neuen Testament ist möglicherweise das Bild Nr. 5 der holländisch-kölnischen Ausgabe ebenfalls von dem zweiten Formschneider, jedenfalls nicht von dem ersten, der auch für Nr. 6 derselben Ausgabe nur die obere Hälfte (Oberkörper und Kopf des Apostels, sowie die Landschaft hinten) geschnitten hat, während das übrige wieder von einer ganz ungeübten Hand stammt.

Der erste Formschneider, dem die ganz überwiegende Menge der übrigen Schnitte zugefallen ist — auch die Zierleisten sind von ihm —, giebt sich als einen äusserst geschickten Arbeiter zu erkennen, der das, was er gelernt hat, mit Sicherheit und Sauberkeit immer neu anwendet. Die Hauptlinien seiner Schnitte sind kräftig. Sie geben die Gebilde in fast ganz geraden, eckigen Umrissen. Von der Schmiegsamkeit, mit der z. B. die Umrisse der schwäbischen Illustration der Naturform nachgehen, findet sich keine Spur. Aber die Umrisslinien sind auch nicht viel gebrochen, wie wohl bei anderen Formschneidern, vielmehr, wo es angeht, ziemlich lang, ohne Rundung, leicht geschweift, immer gleichmässig. Die Schraffierung ist durch wesentlich dünnere Linien, die ziemlich dicht an einander gereiht sind, hergestellt. Auch sie ist durchaus gleichmässig gearbeitet. Uebrigens kommt sie weder an Feinheit noch namentlich an Dichtigkeit den Schraffierungen des 16. Jahrhunderts gleich. Aber noch mehr ist sie von diesen darin verschieden, dass sie so gut wie nie gerundet ist. Sie besteht fast ausschliesslich aus Gruppen ganz gerader Linien, ist geradlinig abgeschnitten und nimmt keine Rücksicht darauf, ob sie eine gerade Hauskante oder einen runden Baumstamm, ein vielgebauschtes Gewand oder einen menschlichen Arm schattieren soll. Es sind entweder lange Reihen ganz kurzer paralleler Strichelchen zusammengeordnet — wenn die Schraffierung frei steht —, oder Striche von beträchtlicher Länge, wenn sie von einer geraden Linie ausgehen, oder auch von einer zur andern laufen. Selbst grössere Flächen sind mit solchen langen, von einem Rand zum andern verlaufenden Linien schattiert. Daneben kommt aber auch das Ueberziehen ganzer Flächen mit kurzen Strichen vor, wie wir es an der einen Seite des Gebäudes auf unserer Tafel 1 finden.

Als besondere Eigentümlichkeiten in der Zeichnung der Typen sind hervorzuheben die breiten Gesichter mit den eckigen Nasen, den niedrigen fast geschlitzten Augen, den kleinen Faltenstrichen um Mund und Augen. Sehr häufig kehrt namentlich der Kopf eines Alten mit grosser gebogener Nase wieder. Weiter das gewellte Haar aus regelmässig parallelen Linien, das mitunter zu einer grossen Perücke wird, deren Strähnen vorn über die Stirn fallen. Dann die geteilten Bärte. Auffallend schlecht und sehr bezeichnend für unseren Meister sind die Hände und Füsse. Im Gewand kommen ganz leicht geschwungene und gerade Falten mit ganz kurzen, einmal rechteckig gebogenen Haken vor. In der Landschaft bilden die Art, wie einzelne Höhenzüge schraffiert sind, ferner die schraffierten Felsplatten und besonders das Wasser gute Erkennungsmerkmale. Dieses ist aus gewellten Parallellinien oder auch aus einzelnen Gruppen konzentrischer Halbkreise hergestellt (vgl. die Tafel). Endlich mögen noch die Kronen grösserer Bäume erwähnt werden, die er so arbeitet, dass zwischen den grossen (ornamentalen) Blättern und Stamm und Aesten ziemlich viel schwarzer Grund stehen bleibt. Aehnlich heben sich mitunter Blätterbüschel auf dem Boden von schwarzem Grund ab.

Vielleicht ist auch die eine und andere iconographische Eigenheit, die wir schon erwähnt haben — z. B. die grossen Vögel in der Luft — Eigentum des Formschneiders.

Immer wieder hat man gefragt: wer war der Künstler, der die Holzschnitte der Quentellschen Bibel schuf? Dass schon diese Frage falsch gestellt war, braucht nun, da wir wissen, wie der Bilderkreis zu stande kam, nicht erst hervorgehoben zu werden. In der That hat man sich durch jene Frage immer wieder den Weg zur Erkenntnis des wirklichen Problems versperrt. Man hat überall herumgeraten, Israël von Mecken, Johann von Paderborn, Wolgemut und die „eycksche Schule" herbeigezogen: natürlich alle ohne innere Berechtigung. Wir brauchen uns mit diesen mussigen Kunststücken nicht weiter abzugeben. Nur eine These mag uns noch einen Augenblick beschäftigen, weil sie mit einer gewissen sachlichen Begründung vorgetragen wurde.[37] Die Sache ist kurz diese: in dem Widmungsexemplar der Schedelschen Chronik an den Nürnberger Rat, heute in der Hof- und Staatsbibliothek in München, findet sich vorn ein Schreiben an Hartmann Schedel eingeheftet, das Hieronymus Münzer, Mitarbeiter an der Chronik, verfasste. Darin heisst es : ut autem hoc opus tuum magis splendesceret, adhibuisti tibi quosdam pictores mathematicos, qui olim ad mandatum Maximiliani Romanorum regis invictissimi novi veterisque testamenti figuras in duos libros pinxerunt ... Die Worte adhibuisti bis mathematicos enthalten natürlich die Wiedergabe der bekannten Schlussschrift der Schedelschen Chronik : adhibitis tamen viris mathematicis u. s. f. Die beiden Männer sind also Wolgemut und Pleydenwurff. Diese haben nach dem Brief einst auf Verlangen des Kaisers Max Bilder zum Alten und Neuen Testament in zwei Bücher gefertigt. Nun fragt sich, welches Werk ist mit den duo libri gemeint. Hase[38] spricht sich dahin aus, wenn ein gedrucktes Werk unter den duo libri verstanden sei, so könne nur die Kölner Bibel in Betracht kommen. Er nimmt einen engeren Zusammenhang zwischen dieser und der Koberger Bibel an, spricht von Kaiser Maxens Beziehungen zum Niederrhein und erklärt nach alledem Wolgemut für den Verfertiger unserer Holzschnitte.

Zur Widerlegung dieser These genügt es eigentlich, ein Bild der Kölner Bibel neben die Schnitte der Schedelschen Chronik zu legen. Wenn es überhaupt Stilunterschiede giebt, so sind hier solche vorhanden. Ja die Verschiedenheit ist so gross, dass wir auch dann die Urheberschaft der Nürnberger Künstler abweisen würden, wenn in jener Briefstelle mit dürren Worten gesagt wäre : Wolgemut und Pleydenwurff haben die Bilder der Quentellschen Bibel gefertigt. Aber das wird gar nicht gesagt. Nicht einmal, dass mit den duo libri eine gedruckte Bibel gemeint ist, steht fest. Vielleicht ist überhaupt keine Bibel darunter verstanden. Ist dies schon zweifelhaft, so erscheint vollends die Beteiligung des nachmaligen Kaisers Max an der Kölner Bibel schlechterdings ausgeschlossen. Abgesehen davon, dass der damals zwanzigjährige

Prinz schwerlich über Ansehen und Mittel verfügte, ein so grosses Werk zu beginnen, leitet uns auch nicht die geringste Spur auf Verhandlungen mit Quentell oder einem anderen Kölner Drucker einerseits, Wolgemut und Koberger andererseits. Und die Vorrede unserer Kölner Bibel lautet jener Annahme ganz und gar zuwider. Endlich, warum sollten des Kaisers Biographen gerade von dieser Unternehmung beharrlich geschwiegen haben? Kurz das mandatum Maximiliani passt auf keinen Fall zur Quentellschen Bibel. Wir denken, man wird sich schon nach einer ernsten Prüfung der geschichtlichen Voraussetzungen gegen die Annahme einer Beteiligung des Kaisers Max und der Mithilfe der beiden Nürnberger erklären müssen.

Man hat denn auch gegen Wolgemut noch allerlei andere Gründe angeführt. Einmal machen doch die erwähnten Abbildungen von Bauwerken der Stadt Köln so gut wie sicher, dass die Holzschnitte in Köln selbst entstanden sind. Und dann, so hat man gesagt, spreche die Aufschrift eines Bildes „Joseph broedere" unzweideutig gegen Wolgemut, den Oberdeutschen. Das ist ganz richtig. Eben diese Aufschrift spricht aber auch gegen Köln als Ursprungsort. Ein Kölner Formschneider hätte schreiben müssen: „broider", wie es auch in unserer Handschrift ausnahmslos heisst. Diese merkwürdige Thatsache zu erklären, könnten wir annehmen, die Verfasser des Textes hätten die Bildaufschriften bestimmt und absichtlich in Einklang mit der Mundart des Textes gesetzt. Dann ist das Wort broedere ein Beweis mehr für unsere Annahme, dass ein holländischer Text zu Grunde lag. Oder: als Vorlagen für die Holzschnitte dienten holländische Zeichnungen, die auch die holländischen Aufschriften schon enthielten. Das scheint uns deshalb wahrscheinlicher, weil in dem Vorhandensein und Fehlen der Aufschriften grosse Unregelmässigkeit herrscht, die doch wohl vermieden worden wäre, wenn die Redactoren des Textes die Aufschriften selbst angeordnet hätten. Allein sicher ist das nicht. Und wenn wir uns auch daran erinnern, dass diese Entscheidung sehr gut zu dem passt, was wir oben (S. 28) über die Landschaft in der Vorlage y gesagt haben, so muss doch zugestanden werden, dass eine unangreifbare Antwort auf die Frage nach dem Ursprungsort von y erst gegeben werden kann, wenn wir wissen, in welchen künstlerischen Ueberlieferungen der Formschneider aufgewachsen war. Dann erst können wir seinen Anteil von dem Gut der Vorlage scheiden.

Also auch diese Beobachtungen führen uns nicht viel weiter. Wir wollen daher einen ganz anderen Weg einschlagen. Wir fragen überhaupt nicht mehr nach dem Urheber der Formschnitte, sondern nach dem Ursprung der Formschneidekunst, die sich in ihnen kund giebt. Eine so entwickelte Technik indessen setzt unseres Erachtens stets eine durchgebildete Zeichenkunst voraus. Es gilt darnach festzustellen, ob zunächst in Köln die Denkmäler der Illustration eine Entwicklung der Zeichnung bis zu der oben charakterisierten Stufe erkennen lassen, ob sich die Bilder der Quentellschen Bibel als wohl vorbereitete letzte Zeugnisse einer lange geübten Kunst darstellen.

Eine Uebersicht über die erhaltenen Bilderhandschriften des 15. Jahrhunderts aus Köln mag uns dies lehren. Zugleich wird sie uns Gelegenheit geben, unsere Berliner Bibelhandschrift einzuordnen und technisch zu erklären.

4. Kapitel.

Die Illustration in Köln bis 1480.

Einen sicheren Ausgangspunkt für die Geschichte der Illustration in Köln während des 15. Jahrhunderts[10] bietet der Zunftbrief, den die „Herren von dem grünen Fischmarkte" unter dem vierten Juli 1402 zu Ehren Gottes und der Heil. Jungfrau St. Katharina ausgestellt haben.[41] Dieses Pergamentblatt (73,5×48,2 cm.) ist mit einer Kopfleiste geziert: über dem Text, seiner ganzen Breite entsprechend, zieht sich ein niederer Bodenstreifen hin, dessen gelbgrünen Grund saftige grüne Blätter, rote und weisse Blümchen schmücken. Auf diesem Streifen spielt sich das Martyrium der Heil. Katharina ab. Links steht die Heilige mit Schwert und Rad, es folgt das Wunder an der Martermaschine, die Enthauptung der Heiligen und ihre Bestattung durch Engel. Das ganze ist zart kolorierte Federzeichnung. Die feinen Striche sind gleichmässig, ohne Druck und sehr sicher geführt. Auch unter der Bemalung bleiben Umris und Innenzeichnung noch sichtbar: die Farbe deckt nirgends. Verwandt sind lebhafte, freundliche Töne. Modelliert ist teils in zwei Schattierungen derselben Farbe, teils — aber sehr zart — in zwei verschiedenen Farben z. B. Gelb und Rot. Die Typen sind durchaus die der Schule des Meisters Wilhelm: volles Oval, kräftiges rundes oder ganz spitziges Kinn, gerade Nase, kleiner Mund, lang fliessendes oder Lockenhaar, schmale Schultern und Hüften, weiches Gewand. So unverkennbar aber auch der Zusammenhang unserer Zeichnung mit den zahlreichen Bildern jener Schule ist, ebenso sicher ist auch, dass wir hier schon ein späteres Glied in der Entwickelung der genannten Richtung haben. Die männlichen Typen (König, Henker) zeigen das Streben nach individualisierender Charakteristik deutlicher als die meisten der bekannten Altarbilder, ja es begegnen schon die Anfänge geradliniger Gewandbehandlung (vgl. die Ausgänge des Kleides der stehenden Katharina links und öfter).⁴¹ Die Kunst der Schule des Meisters Wilhelm, der unser Zeichner angehörte, eignete sich für die Illustration nur dann, wenn man wie hier nicht auf die Farbe verzichtete: ohne die blühenden rosigen Gesichtchen, ohne die strahlend hellen Farben der Gewänder würden diese zarten Gestalten nicht das sagen können, was sie zu sagen haben. Für die Uebertragung in die Schwarz-Weiss-Kunst also waren sie nicht geeignet.

Nächst diesem fest datierten Denkmal kommen einzelne Miniaturen in den erhaltenen Eidbüchern der Universität⁴² in Betracht. In die ersten Jahre des 15. Jahrhunderts mag die ursprünglich sehr schöne, jetzt bis zur Unkenntlichkeit zerstörte Miniatur — wie in allen Eidbüchern eine Kreuzigung — des Eidbuches Nr. 1⁴³ gehören. Ausser diesem in Deckfarben gemalten Bild enthält der Band aber auch die vier Symbole der Evangelisten (30×30 bis 34×34 mm.). Diese kleinen Darstellungen sind insofern interessant, als sie nur in kolorierter Federzeichnung und zwar einer sehr bemerkenswerten Technik ausgeführt sind. Es ist nämlich der Versuch gemacht, mit der Feder in ganz kleinen wirr durch einander gesetzten Strichelchen zu modellieren. Deutlich tritt dabei die Absicht hervor, mit der Feder Grisaillemalerei nachzuahmen. Koloriert sind die Zeichnungen nur spärlich. Der Typus des einen vorkommenden Menschengesichts (Symbol des Matthäus) ist noch ganz der der Schule des Meisters Wilhelm.

Ob die Miniatur des zweiten Eidbuches noch in den letzten Jahren des 14., oder schon in den ersten des 15. Jahrhunderts entstanden ist, wissen wir nicht. Es ist eine ziemlich handwerkmässige Arbeit eines Abkömmlings jener Schule, und zwar ist die Zeichnung schlechter und das ganze roher als die oben genannte Miniatur des ersten Eidbuchs, woraus aber natürlich noch nicht ihr höheres Alter folgt. Für unsere Zwecke zählen diese untergeordneten Deckfarbenmalereien kaum mit.

Endlich wäre noch die Miniatur eines dritten Eidbuchs (Nr. 4 bei Höhlbaum) zu erwähnen, die wohl aus dem zweiten (oder dritten?) Jahrzehnt des 15. Jahrhunderts stammt. Auch dieses vereinzelte Blatt zeigt uns nur, dass jetzt in manchen Stücken das Streben nach neuen, der Wirklichkeit mehr entsprechenden Formen einsetzt, wobei sich eine Reihe wunderlich übertriebener und gesteigerter Züge geltend macht, so dass das ganze ein seltsames Aussehen bekommt. Ueber den Stand der Illustration in Köln zu dieser Zeit aber kann uns ein so allein stehendes Denkmal nichts Zuverlässiges lehren.

Da es uns nicht gelungen ist, ein so recht sprechendes Denkmal der Illustration aus der Uebergangszeit in Köln aufzufinden, so schieben wir hier ein Werk ein, das zwar nicht der Stadt Köln, aber wenigstens sicher dem Niederrhein angehört. Die Kgl. Bibliothek in Berlin bewahrt ein Brevier,[44] das uns auf Bl. 410 Ort, Zeit und Anlass seiner Entstehung selbst angiebt: Dit boich hait laissen scriuen Maria Hertzouginne van Gelre ind van Guylich ind greuynne van zutphen. Vrauwe des edelen houtzougen Reynalts. Ind wart gheeynt oeuermits broider helnich die lewe Regulier zoe Marienborn bi arnhem Int iair ons heren dusent vierhondert ind vuofftzien op sent Mathias auont. Da diese Eintragung auffallenderweise mittelfränkisch-ripuarische Mundart zeigt, so müssen wir wohl annehmen, dass Bruder Helnich aus ripuarischem Gebiet, vielleicht selbst aus der Stadt Köln stammte. In der That ist die Grundlage des ganzen Stückes, in dem sich die citierte Stelle findet (s. d. Anm. Nr. 44), ripuarisch, wenn auch mit zahlreichen niederdeutschen Formen durchsetzt, während von Blatt 425 an reines Niederdeutsch eintritt. Das ganze Buch ist nun mit sehr zahlreichen Bildchen ausgestattet. Diese sind sämtlich in Deckfarben gemalt, die Vorzeichnung ist nirgends sichtbar. Der farbige Reiz ist ganz ausserordentlich. Stets sind die Töne satt, lebhaft und glänzend. Gebrochene, trübe Farben kommen so gut wie nie vor. Aber auch die schweren, tiefen Töne sind vermieden. Alles ist heiter und freundlich. Dasselbe gilt von der Zusammenstellung der Farben. Da ist beispielsweise eine Reihe Bildchen, deren jedes drei Heilige ruhig neben einander stehend zeigt. Die prächtigen Festgewänder dieser Figürchen sind nun immer wieder anders, meist aber sehr zart gegen einander abgestimmt. Fast nie finden wir schreiende Gegensätze, selbst dann nicht, wenn etwa Mäntel, deren Innenseite eine andere Farbe als die Aussenseite zeigt, zusammen stossen. Dieses feine Gefühl für lebhafte, aber nie verletzende Farbenzusammenstellungen ist das erste, was wir hervorzuheben haben.

Das andere ist der lyrische Zug, der diese Illustration beherrscht. Wir werden unten ein Brevier zu erwähnen haben (S. 41), das mit besonderer Vorliebe die Martyrien der Heiligen schildert: Ganz anders hier. Statt der Martyrien finden wir sacre conversazioni, je drei Heilige in ruhigem Gespräch beisammen stehend, einander zugekehrt, durch leichte Handbewegungen in Beziehung zu einander gesetzt. Aber auch in den Passionsscenen des Herren sind alle Brutalitäten vermieden. Es ist ganz deutlich: am liebsten schildert der Maler die himmlischen Frommen, mit herrlichen Kleidern angethan, ein Rosenkränzlein im blonden Lockenhaar, das rosige Gesichtchen halb gesenkt in seliger Vergessenheit. Aber es sind nicht mehr die blutlosen Heiligen des Mittelalters, nichts Asketisches haftet ihnen an. Die Farbe der Gesichter ist durchaus gesund und ganz lebendig, und die Typen der Männer sind eher kräftig als weichlich zu nennen. Dabei stossen wir niemals auf die krampfhaft individuellen Köpfe, die der gleichzeitigen süddeutschen Illustration eigen sind. Alles Gewaltsame ist vielmehr ängstlich vermieden. Dass ein schon ziemlich entwickeltes Raumgefühl deutlich zu bemerken ist, wenn auch noch nirgends versucht wird, den wirklich gesehenen Raum als ganzes wiederzugeben, dass hie und da schon der Teppichgrund einer hellblauen Fläche mit goldenen Wölkchen Platz macht, dass ein tiefer Grasplatz mit Blumen bedeckt, von Felsen begrenzt den alten Bodenstreifen mitunter verdrängt, dass allerlei fein beobachtetes, naturalistisches Beiwerk auftritt (eine Eidechse am Felsen, weidendes Vieh u. s. f.) · das alles mag nur nebenbei erwähnt werden. Die Hauptsache ist für uns hier, festzustellen, dass sich am Niederrhein (also ganz gewiss auch in Köln) die Richtung, die Meister Wilhelm eingeschlagen hatte, dahin erweiterte, dass die einzelnen Gestalten noch lebensfähiger wurden, ohne den Charakter einer überaus zarten Schönheit einzubüssen. Nicht auf dramatische Beweglichkeit gieng die Schilderung der Heiligen aus, sondern auf ruhige, harmonische Schönheit und Anmut. Die Mittel entnahm sie vor allem der Farbe.

Die nächsten Handschriften sagen uns nicht viel: im Ms. 267 des Hist. Archivs der Stadt Köln [45] findet sich auf Bl. 1' eine ziemlich rohe Federzeichnung, der sich kaum etwas anderes entnehmen lässt, als dass um diese Zeit (die Handschrift ist datiert 1435) die alten Typen der völligen Verwilderung verfielen, ohne dass schon deutliche Spuren eines neuen Stils bemerkbar wären. Weiter ist hier ein Eidbuch[46] zu erwähnen, das auf einem Pergamentblatt die übliche Miniatur: Christus am Kreuz enthält. Das Blatt ist zwischen 1419 und 1451 gemalt: unbedenklich nehmen wir das Datum der Anlage des Buches auch für die Entstehung des Bildes in Anspruch. Der einen Darstellung lässt sich nicht viel abgewinnen. Der Körper ist im ganzen gut, überall eingehend, aber sehr wenig individuell gezeichnet. Gemalt ist er mit viel Farbe, doch nur mässig modelliert. Der Typus ist derber als in den Bildern des Meisters Wilhelm — von einer markigen Charakteristik ist weder im ganzen noch im einzelnen etwas zu spüren. Etwas interessanter ist endlich eine dritte Handschrift,[47] mit der wir die Reihe der illustrierten Werke aus der ersten Hälfte des Jahrhunderts schliessen. Dieses Buch, ein Rationale div. officiorum, verrät uns in einer umständlichen Schlussschrift den Anlass seiner Entstehung. Bl. 207 heisst es: Aue Maria orate pro scriptore Gerlaco de Brunnen presbitero Coloniensis dyocesis ... qui hunc librum ... ex venerabilis reverendique domini viri scientifici domini Emundi de Mailberch Decani sanctissime gloriose virginis Marie Ecclesie Aquensis mandato cum canna Cigneo et incausto ob competentem summam pecuniarum laboris pretii Colonie juxta monasterium Tzeyn monialium Gracia et benignissimi Jesu auxilio finivit et perfecit Anno sub natali domini nostri Jesu Christi millesimo quadringentesimo quinquagesimo quinta · die mensis Marcij ad usum et utilitatem Ecclesie supradicte.

Auf Blatt 2' findet sich ein grosses Bild: ein Kaiser bringt knieend der Madonna ein Kirchenmodell dar. Maria sitzt mit dem nackten Kind auf einer Rasenbank vor einer Rosenlaube. Blauweisser Himmel spannt sich über der Scene aus. Alles Beiwerk ist naturalistisch, die Gewänder vollkommen brüchig gehalten. Doch die Typen erinnern jedenfalls mehr an die spätern Werke der Schule des Meisters Wilhelm, als an die Bilder Stephan Lochners. Und — was für uns wichtiger ist — die ganze Darstellung ist durchaus auf den Reiz der Farbe angelegt. Wieder haben wir ein ruhiges Ceremonienbild, das dem milden Farbenglanz der

Gottesmutter inmitten eines blühenden Stückes Natur seine Anziehungskraft verdankt und verdanken will. Nur dies haben wir noch anzumerken: die Schatten in Gesicht und Gewand sind mit dem Pinsel fein gestrichelt. Das ist eine Eigenheit, auf die wir umständlicher zurückkommen werden.

Aus alledem ersehen wir, dass sich in der Kölner Illustration der ersten Hälfte des 15. Jahrhunderts ein Streben nach charakteristischer Wiedergabe lebensvoller Vorgänge, nach dramatischer Lebendigkeit in bewegten Umrissen nicht findet, dass sich darnach Keime oder Ansätze zu einer mehr zeichnerischen Behandlung der Aufgabe nicht erwarten lassen. Diese Richtung der Illustration konnte dem Holzschnitt nicht vorarbeiten.

Bevor wir uns den Denkmälern aus der zweiten Hälfte des Jahrhunderts zuwenden, wollen wir wenigstens einen Blick auf eine Klasse von Handschriften werfen, die eigentlich die zahlreichsten Vertreter in Köln hat. Es sind dies die Handschriften, die zwar keine Bilder, aber reiche Initialen und Randleisten enthalten. Schon die oben geschilderte Art der Illustration lässt erwarten, dass das dekorative Element in Köln eine liebevolle Pflege finden musste. In der That sind diese Dekorationen ausserordentlich fein und geschmackvoll ausgeführt. Wir weisen der Vollständigkeit halber auf die Breviere 18 und 20 des Histor. Archivs in Köln und auf die zweibändige Bibel (Nr. 1950)[48] in Darmstadt hin. Die Elemente des Schmucks dieser Handschriften lassen sich fast sämtlich schon in älteren niederländischen Werken nachweisen und geben einen ersten ausdrücklichen Hinweis auf die Zusammenhänge auch der Kölner Illustration mit dem Mutterlande der Kölnischen Malerei. Doch sind sie hier zu einer neuen, eigenartig zarten und stets ansprechenden Gesamtwirkung gebracht.

Ein Wunderwerk der Dekoration ist nun auch die Handschrift, die wir an die Spitze der zweiten Reihe der Kölner Bilderhandschriften stellen wollen. Es ist wiederum ein Brevier,[49] jetzt in Darmstadt. Ausser reichen Randleisten enthält die kleine Handschrift eine stattliche Reihe Bilderinitialen. Diese Bildchen weisen das Werk einem Angehörigen der Schule Stephan Lochners zu. Sie führen eine Fülle lebendiger Ereignisse vor. Auf der Erzählung der Vorgänge liegt hier entschieden mehr Nachdruck als in den oben besprochenen Bilderhandschriften. Die ruhig beisammen stehenden Heiligen sind durch Darstellungen der Martyrien ersetzt. Die Lebenslust und Beweglichkeit aller Figuren ist gegen früher beträchtlich gestiegen. In reicher sorgfältig ausgeführter Gewandung treten uns die lebendigen Gestalten entgegen. Landschaft und Architektur sind nahezu völlig frei. Licht und Luft beginnen ihren Anteil an der Schilderung zu fordern: alles ist verklärt durch das Zusammenwirken der prächtigen, hellen, fein und zart abgestimmten Farbtöne. Von der Vorzeichnung ist wenig mehr sichtbar: die Farbe deckt überall. Durch ganz feines Stricheln mit dem Pinsel sind die Schatten und Uebergänge modelliert.

Wenn wir diesem Werke gegenüber noch mit dem Hinweis auf Stephan Lochner auskommen, so führt uns ein Missale, das jetzt in der Schatzkammer des Doms in Köln aufbewahrt wird, in den Bereich des niederländischen Einflusses. Eine Eintragung in dem Buch selbst berichtet: Goswin von Stralen, Bürger in Köln, hat in der Parochialkirche St. Laurentii im Jahr 1461 einen Altar gestiftet und ausgestattet (unter anderem auch mit einer Altartafel, tabula depicta): contulit insuper idem Goswinus pro dicto altare librum hoc missale. Das Buch enthält von Miniaturen nur das übliche Kanonbild, das in Deckfarben ausgeführt völlig die Wirkung eines Gemäldes anstrebt.

Diesen für kirchliche Zwecke und möglicherweise auch von geistlichen Händen gearbeiteten Werken reihen wir einige sicher bürgerliche an. Da sind zunächst zwei Schandbriefe[50] im Hist. Archiv der Stadt Köln. Der erste, eine ganz flüchtige Arbeit, zeigt über dem Text den Tod, der das Wappen eines Blankenheim trägt. Hinter dem Tod steht ein Sarg auf dem Boden. Die Zeichnung ist so dilettantenhaft, dass wir uns nicht weiter mit ihr zu befassen haben. Etwas mehr lehrt uns der zweite Brief. Es ist darauf die Hinrichtung eines Mannes dargestellt. Unten (auf einem allerdings nur angehefteten, aber wohl zugehörigen Blatt) findet sich die Unterschrift: Dit ist Johan breyde Rentmeister zo Colne. Ein weiteres wohl zugehöriges Blatt enthält den Haupttext voll bitterer Schmähungen über die in Köln um die Mitte des 15. Jahrhunderts zweifellos sehr angesehene Persönlichkeit.[51] Der Text trägt das Datum 1464. Uns interessiert hier nur die derbe Malerei. Nach einer eingeritzten Vorzeichnung ist das ganze flott mit dem Pinsel aufgetragen. Die Umrisse sind sehr kräftig gezogen, die Zeichnung nur leicht koloriert. Eine feinere Modellierung findet sich nicht. Diese ganz derbe, durchaus (auch mit dem Pinsel) mehr zeichnende als malende Weise scheint zum ersten Male auf die Kunst hinzudeuten, der es mehr auf die sprechende Wiedergabe eines bewegten Vorgangs, auf Charakteristik, Leben, Handlung als auf schönes Sein ankommt: auf die Zeichnung. Wenn wir hier, wenn auch in ganz vereinzelten Anfängen, schon Schraffierung, wenigstens Schattierung durch eine Reihe schwarzer Striche, treffen, so haben wir schon damit einen deutlichen Fingerzeig, dass diese kolorierte Pinselzeichnung der reinen Schwarz-Weiss-Kunst nicht allzufern steht. Dass es übrigens kein Zufall ist, wenn wir die ersten deutlichen Spuren einer zeichnenden Kunst in einem zweifellos bürgerlichen Denkmal finden, das zeigt sofort die nächste Handschriftengruppe, der wir uns nun zuwenden.

In Köln ist während des 15. Jahrhunderts wenigstens ein Werk entstanden, das die Grundlage zu einer Bilderchronik hätte werden können: Heinrich van Beecks Agrippina. Freilich an Werke wie Richentals Konzilgeschichte, die Schweizer Bilderchroniken, Lirers schwäbische Geschichte, die burgundische Reimchronik und ähnliche dürfen wir nicht denken. Nicht die Zeitgeschichte nimmt in der trockenen Kompilation den Hauptplatz ein: so fehlte auch von vornherein der Anlass, in einem breiten Bilderkreis zu schildern, was in aller Anschauung lebte. Doch hat immerhin der Verfasser selbst von Anfang an den Bilderschmuck beabsichtigt. In der erhaltenen Urschrift [51] finden sich an den Stellen, wo Bilder eingerückt werden sollten, teils flüchtige Skizzen mit erklärenden Beischriften, teils Bemerkungen für die Kopisten. So Bl. 16 unten am Rande: Hic demittetur spacium ad ponendum arma civium Coloniensium antiquorum romanorum. In den Abschriften stehen hier die fünfzehen Wappen der alten Kölner Geschlechter. Bl. 70' spacium ponendi arma. Bl. 96' am Rande: hye sal man spacium laissen den lewen zu malen. Und unten: hie sal man spacium laissen den Keyser zu malen. Diese Urschrift (A) wurde ungefähr 1472 vollendet. Gleich in die nächsten Jahre müssen die erhaltenen Abschriften fallen. Der Bilderkreis ist in ihnen allen derselbe. Kleine Verschiedenheiten in der Ausführung zeigen indessen, dass B die Vorlage für B[1] und

B¹, B¹ die Vorlage für B³ und B⁵ geworden ist. Der Bilderkreis ist überaus dürftig. Er umfasst im ganzen 23 Darstellungen: Wappen, Münzbilder, eine Jupiterverehrung, einige Kaiser zu Pferde, Urkundenverleihungen, die Brustbilder der Heil. Bischöfe und ähnliches. Kriegerische Vorgänge, Schlachten, Belagerungen oder Festlichkeiten, Umzüge, bürgerliches Leben, Handel und Wandel sind nicht im Bilde festgehalten. Wie weit bleibt diese Chronik hinter ihren süddeutschen Schwestern zurück! Aber sehen wir zu, was uns die Bilder technisch lehren. Die Ausführung ist in den einzelnen Handschriften durchaus verschieden: nicht zwei Kopieen sind von derselben Hand. Die Handschrift B⁵³, die mittelbar oder unmittelbar allen anderen zu Grunde liegt, zeigt Bilder von dreierlei Art. Einmal finden wir Zeichnung in heller Tinte. Ihr Urheber war ein sehr geschickter flotter Arbeiter. Wir können ihn besonders auf Bl. 4' beobachten. Hier sind nicht nur Boden und Figuren vollendet realistisch wiedergegeben, die Typen sehr charakteristisch und mannigfaltig gestaltet: der Künstler offenbart auch eine unerwartete, rein zeichnerische Behandlungsweise. Sicher und kräftig ist Strich an Strich gereiht. In den Gesichtern, Händen, im knittrigen Gewand (Aermeln u. s. f.) sind ganz kurze Striche verwendet, um einen markig-individuellen Umris zu erzielen. Schraffiert ist in Strich- und Kreuzlagen. Die Striche sind teils kurz, teils länger, stets ziemlich locker gereiht. Sie gehen den Körper- und Gewandformen nur oberflächlich nach, sind also nicht gerundet, wie etwa im spätern Kupferstich. Zum ersten Male tritt uns in diesen Bildern der neue Stil des 15. Jahrhunderts in der Kölner Illustration ganz ausgebildet entgegen. Bezeichnender Weise ist wenigstens ein Teil dieser Illustrationen ohne Farbe geblieben. Wo sie dazu getreten ist, da haben die Bilder ein völlig anderes Aussehen gewonnen. Denn einmal deckt die rohe Malerei jene guten Vorzeichnungen fast völlig. Sodann aber ist zu allem Ueberfluss auch die Zeichnung noch von einem ungeschickten Schmierer teils mit dem Pinsel, teils mit der Feder übergangen worden. Schliesslich zeigen nur noch ganz vereinzelte Spuren bei genauerer Betrachtung, dass auch diesen höchst unerfreulichen Bildern dieselbe Zeichnung zu Grunde liegt, wie den unkolorierten Darstellungen. Nur ein Bild (Bl. 2') hat einen etwas besseren Maler gefunden. Freilich hat auch dieser die Vorzeichnung fast ganz verschwinden lassen, da er mit Deckfarben gemalt hat. Aber die Malerei ist doch besser, als die der weitaus meisten anderen Bilder.

Die erste Abschrift [54] nach B ist von einem Zeichner ganz anderer Art illustriert. Wenn sich die Bilder der Handschrift B sehr wohl als Zeichnungen eines im Holzschnitt erfahrenen Meisters betrachten liessen, so erinnern die Darstellungen der Kopie B[1] durchaus an den Stich. Alle Linien sind sehr fein gezogen. Ein zwar lockeres, aber überaus regelmässiges, der Körper- und Gewandform sorgfältig folgendes Gewebe von Strich- und Kreuzlagen rundet die Gebilde. Die tiefsten Schatten werden durch Häkchen und Strichelchen verstärkt, die über die Kreuzlagen ausgestreut sind. Das ganze Liniengefüge hat nichts mit der flotten unbekümmerten Strichmanier des oben geschilderten Zeichners zu thun, sondern gemahnt an die behutsame Arbeit des Grabstichels. Die Farbe deckt nirgends, es sind nur die Schatten leicht gemalt. Ganz vereinzelt wird hie und da einmal eine Farbe in zwei Tönen aufgetragen, um Halbschatten zu geben. Charakteristisch ist, dass auch mit dem Pinsel gestrichelt wird.

Ebenso ist die erste Kopie (B[3])[55] nach dieser Handschrift von einem Zeichner illustriert. Die Art ist wieder eine andere. Hier sind die Umrisse zwar gleichmässig, aber langsam und zitterig gezogen. Schraffiert ist in ganz lockeren und sehr feinen Strichlagen, vereinzelt auch in Kreuzlagen. Nur die Schatten sind gemalt, die Lichter ausgespart. Es findet sich also keinerlei Modellierung mit dem Pinsel. Das ganze ist zwar nicht roh, aber doch auch nicht gerade kunstreich. Es ist die Arbeit eines geübten Durchschnittzeichners.

Die Abschriften B[4] und B[5] sind so dilettantenhaft ungeschickt und roh, das wir uns mit ihnen nicht weiter zu befassen brauchen.[56]

Anhangsweise sei eine Handschrift von Ottos von Passau 24 Alten[57] erwähnt, die hübsche schraffierte und leicht kolorierte Federzeichnungen enthält. Sie stammt aus dem Jahre 1483 und kommt desshalb für uns hier nicht mehr in Betracht.

Wir fanden die ersten Erzeugnisse der zeichnenden Kunst in solchen Handschriften, deren weltlicher Inhalt gewiss auch von bürgerlichen Händen illustriert wurde. Das Bild ändert sich sofort wieder, wenn wir nun zum Schluss noch einen Blick auf die letzten Bilderhandschriften unseres Zeitabschnittes in Köln werfen. Es sind ausnahmslos geistliche Werke. Die Bibliothek von Gross St. Martin bewahrt ein zweibändiges Antiphonar, das „Johannes Rueb Quondam apotecarius et civis Coloniensis et cristina ejus uxor" der Parochialkirche St. Laurentii in Köln im Jahre 1478 stifteten. Jeder der beiden Bände zeigt ausser Initialen und Randleisten auch die Bildnisse der Stifter vorn in den Anfangsbuchstaben. Die knieenden Figuren sind recht gut modelliert: es ist wieder eine Arbeit ganz in Deckfarben. In derselben Bibliothek finden sich auch noch einige grosse Chorbücher, die reich im Geschmack des ausgehenden 15. Jahrhunderts gemalt sind. Solche Chorbücher sind gerade in Köln noch recht zahlreich erhalten. Sie bezeugen einen spätern [58] Aufschwung der Miniaturmalerei in der Stadt, sind aber wohl allermeist in Klöstern gefertigt. Mindestens hat diese Kunst (es sind durchweg peinlich saubere Deckfarbenmalereien) mit der vorwärts strebenden bürgerlichen Illustration nichts gemein. Eines der Bücher in der genannten Bibliothek ist von dem „frater henricus sacerdos et frater professus cenobii sancti Martini Majoris in Colonia" 1500 geschrieben. Aehnliche Chorbücher finden sich in der Seminarbibliothek in Köln und besonders schön in der Dombibliothek. [59] Hier ist auch ein Missale [60] bemerkenswert, das neben reichen Randleisten ein Kanonbild (Bl. 10') enthält. Hervorzuheben ist allerdings an dieser Arbeit nur die sorgfältige Modellierung durch feines Stricheln. Endlich mögen noch die Breviere in Köln (im Histor. Archiv. Nr. 94) und in Berlin (Ms. germ. 8. Nr. 326) erwähnt werden, die sich durchaus jenen Chorbüchern in den Kölnischen Kirchenbibliotheken anschliessen. Schon diese Arbeiten sämtlich, noch mehr die zahlreich vorhandenen Werke des 16. Jahrhunderts fallen aus dem Kreis unserer Betrachtung heraus.

Diese Uebersicht zeigt uns deutlich, dass die Illustration weltlicher Litteratur gar keine Rolle spielt gegenüber der — wohl meist auch von geistlichen Händen besorgten — Dekoration geistlicher Werke. [61] Die Miniaturen dieser zum kirchlichen Gebrauch bestimmten Handschriften sind durchweg in Deckfarben gemalt und spiegeln den Charakter der grossen Malerei im ganzen ziemlich getreu ab. Ueber die Entwickelung der zeichnenden Kunst aber sagen sie uns nichts. Und die wenigen Bilderhandschriften, die schraffierte Federzeichnungen enthalten, sind späten Ursprungs, und stehen ganz vereinzelt und ohne Vorläufer da, sind es doch mit einer Ausnahme sämtlich Abschriften eines und desselben Werkes. So kann von einer Geschichte der Federzeichnung in Köln angesichts der spärlichen Denkmäler nicht die Rede sein. Um die Reihe der Kölner Bilderhandschriften des 15. Jahrhunderts abzuschliessen bleibt uns nun nur noch übrig, unsere Berliner Bibelhandschrift Nr. 516 einzureihen. Das ist nicht ganz einfach. Es leuchtet ein: jene mit Feder und Pinsel gestrichelten Bildchen haben mit den Deckfarbenminiaturen ebensowenig gemein, wie mit den derb schraffierten Federzeichnungen. Wir können uns nur daran erinnern, dass in einem sehr frühen Denkmal ganz vereinzelt der Versuch auftauchte, mittels feiner wirr durch einander gesetzter Federstrichelchen eine den Grisaillen ähnliche Wirkung zu erzielen (s. S. 37), und dass dann die Modellierung durch kurze Pinselstriche mehrfach vorkam. Das genügt aber keineswegs, sonst so grundverschiedene Arbeiten zusammen zustellen. In Köln, so scheint es, finden wir die Wurzeln der eigenartigen Manier unserer Zeichnungen überhaupt nicht. Auch wenn diese also in Köln selbst entstanden sind, was, wie wir (s. Anm. 25) gesehen haben, keineswegs ganz sicher ist, müssten wir doch den Ursprung ihrer Technik ausserhalb der Rheinstadt suchen. Wir wenden uns daher an die Nachbarschaft und denken begreiflicherweise zuerst an die Illustration in den Niederlanden. Hier finden wir denn auch zahlreiche nahe verwandte Denkmäler. Wir heben einige heraus, die durch ihre Datierung sichere Anhaltspunkte gewähren.

Da ist Nr. 11041 der Bibl. Royale in Brüssel, eine französische Handschrift vom Jahr 1415. Die überaus feinen Federzeichnungen sind bald mehr, bald weniger eingehend modelliert, und zwar ist die Modellierung in lauter einzelnen kleinen Pinselstrichen ausgeführt. Hier wird also nicht auf farbigem Grunde in einem zweiten Ton modelliert, es sind vielmehr überhaupt nur die Schatten gemalt, und diese nicht glatt, sondern gewissermassen mit dem Pinsel in ganz kurzen Strichen schraffiert. Nur wenige blasse Farben werden verwandt, später geht die Modellierung ganz in Grisaillemalerei über. Diese, für das Jahr 1415 übrigens auch formal überraschend frischen Bildchen stehen also unseren Berliner Bibelillustrationen gar nicht fern. Es fehlt ihnen nur die Verbindung von Grisaillemalerei mit gestrichelter Federzeichnung. Diese Verbindung treffen wir in einer holländischen Bibel in München an.

Cgm 1102,[62] von Walther[63] als eine der Quellen der gedruckten holländischen Bibel besprochen, ist reich illustriert. Die Bildchen, durchschnittlich 5,5×9 cm. gross, sind von verschiedenen Händen. Zuerst tritt ein Zeichner auf (bis Bl. 7 und von Bl. 17 bis zu Ende), der aus ziemlich dünnen Strichen und Linien den Umris, aus ganz feinen, eng und kurz geführten Strichelchen die Schraffierung herstellt. Die Zeichnung hat etwas Unbestimmtes, Unsauberes. Sie verrät deutlich den Versuch, mit der Feder den Eindruck der Grisaillemalerei zu erzielen. Demgemäss ist, wie in den wirklichen Grisaillen, nur ganz wenig Farbe in diesen Bildchen. Nur Gerät, Schmuck, Waffen sind vereinzelt mit Gold oder auch Rot (vom Rubrikator) gehöht, und einzelne Schatten sind mit einem grauen Ton übergangen. Die Darstellungen auf Blatt 6—8 sind reichlicher gemalt, die zwei letzten (7' und 8') auch von einer zweiten Hand gezeichnet. Eine dritte Hand setzt mit der zweiten Lage auf Seite 9' ein. Die ganze Lage (Bl. 9—16) ist von diesem dritten Zeichner illustriert, der in der Formengebung so hoch über den beiden ersten steht, dass man zunächst geneigt sein wird, anzunehmen, die betreffenden Bilder seien nachträglich eingesetzt worden. Diese Annahme ist aber bei genauerer Betrachtung nicht zu halten. Die Zeichnung überschneidet hie und da die Rahmen; auf solche Ueberschneidungen ist bei der Bemalung der Rahmen Rücksicht genommen. Sie sind also nach Vollendung der Zeichnung gemalt. Nun kommen aber ganz dieselben Rahmen vereinzelt auch bei Bildern der ersten Lage vor. Also sind wohl alle Bilder gleichzeitig. Denselben Schluss drängt uns die Beobachtung auf, dass auch in den Bildern der zweiten Lage Einzelheiten (Lippen und Augen z. B.) mit Rot gehöht sind, was doch wohl erst durch den Rubrikator geschah, der die übrigen Bilder ebenso behandelte. Weiter sind in unseren Bildern genau wie in den anderen Schmuck, Gerät, Waffen mit Gold gemalt. Schwerer aber als diese äusseren Gründe wiegt der Charakter der Bilder selbst. Und da stimmt — scheinbar ausser der Formensprache — alles zur Entstehungszeit 1430. Die Rahmen mit den schönen

Rankenansätzen kehren ganz ähnlich in einer sofort zu erwähnenden mindestens gleichzeitigen Handschrift, ausserdem auch in dem oben (S. 38) besprochenen Gebetbuch der Maria von Geldern von 1415 wieder. Die Technik der Bilder: Zeichnung in kurzen, ganz gleichmässigen dünnen Strichen, Schraffierung in feinen engen Strich- und Kreuzlagen, dazu Modellierung in zarter Grisaillemalerei — diese Technik ist nicht nur den anderen Bildern der Handschrift ebenfalls eigen, sondern war auch schon durch Werke, wie die oben erwähnten seit lange vorbereitet. Endlich sprechen noch die Trachten in unseren Zeichnungen für die Entstehung vor der Mitte des Jahrhunderts. Sind aber alle Bilder der Bibel gleichzeitig und um 1439 entstanden, so haben wir nicht nur ein Denkmal vor uns, das eine ganz erstaunliche Kenntnis der menschlichen Gestalt,[64] Sicherheit in der Perspektive und wirkliches Raumgefühl verrät, sondern zugleich einen technisch unserer Berliner Handschrift wohl entsprechenden Vorläufer. Hier wie dort finden wir die Verbindung von feiner schraffierender Federzeichnung mit Grisaillemalerei und nur vereinzelter Bemalung in wenigen hellen Farben. So steht diese holländische Bibel in München nicht nur inhaltlich, sondern auch durch ihre Bilder mit unserer Berliner Handschrift in einem mittelbaren Zusammenhang.

Mit dem cod. germ. monac. 1102 sehr nahe verwandt ist eine andere holländische Bibel[65] in Nürnberg, die gewiss aus derselben Werkstatt stammt wie jene: Anlage, Dekoration und der Stil der Bilder sind überaus ähnlich. Nur eins hat die Nürnberger Bibel vor der Münchener voraus: je ein Bilderinitial in Deckfarben (den weniger guten Arbeiten im Brevier der Maria von Geldern entsprechend) und Leisten zieren je die erste Seite eines neuen Buches. Sonst ist alles gleich. Die Bilder sind Federzeichnungen in Strichelmanier, teilweise, wie oben angegeben, mit Gold gehöht. Die Bibel muss ebenfalls in die dreissiger Jahre fallen.

Diesen Handschriften steht eine grössere Zahl weniger sicher zu datierender Denkmäler gleicher oder eng verwandter Technik zur Seite. Insbesondere fand die Grisaillemalerei, von Frankreich her eingedrungen, ausgebreitete Pflege in den Niederlanden.

Nach alledem zweifeln wir nicht, dass der Zeichner der Berliner Bibel seine Technik mittelbar oder unmittelbar aus den Niederlanden übernommen hat. Dagegen scheint er seine Formensprache, seine Landschaft, seine Kompositionsweise anderswo[66] gelernt zu haben: wir vermögen die Vorbilder nirgends nachzuweisen. Die Hauptsache bleibt uns aber in diesem Zusammenhang die Technik, und da müssen wir sagen: Diese aus der Grisaillemalerei erwachsene Art steht ihrer ganzen Natur nach der Malerei viel näher, als der Zeichnung und ist ebensowenig geeignet, den Holzschnitt vorzubereiten, wie die überwiegende Menge der übrigen Kölner Bilderhandschriften.

Damit wäre die Uebersicht über die Denkmäler der Handschriftillustration in Köln abgeschlossen — ohne Ergebnis, wie wir sehen. Vielmehr hat sich unsere aus allgemeinen Erwägungen in der Einleitung gewonnene Annahme nur bestätigt, dass ein blühendes bürgerliches Zeichner- und Formschneidergewerbe in Köln nicht bestanden hat.[67]

5. Kapitel.

Der Holzschnitt in Köln vor 1480.

Es gilt nun festzustellen, ob sich unter den Kölner Formschneiderarbeiten vor 1479 etwas den Schnitten der Quentellschen Bibel verwandtes findet. Wir halten uns dabei durchaus an die Illustrationen der Kölner Drucke. Es mag ja sein, dass sich in der Menge der Blockbücher und Einzelblätter noch manche Kölner Arbeit verbirgt: vorläufig ist noch kein Mittel gefunden, diese Stücke mit vollkommener Sicherheit zu lokalisieren. Nur von ganz festen Grundlagen aber können wir hier ausgehen.

Abgesehen von dem Werke, das uns sofort noch näher beschäftigen soll, und einer zweifelhaften Arbeit sind nur zwei kleine Holzschnitte für einen Kölner Drucker vor 1480 entstanden, die wir der Vollständigkeit halber hier mit aufführen wollen. In des Astesanus Summa de casibus conscientiae, die II° kal. septembr. 1479 bei Quentell erschien,[68] findet sich Bl. 11' ein kleiner Christus am Kreuz 63×53 mm. Zu sagen ist über diese ganz unbedeutende, unschraffierte kleine Arbeit nichts — dergleichen konnte jeder Dilettant fertigen. In demselben Buche ist auf dem letzten Blatt ein Salvator Mundi abgedruckt. Dieser Holzschnitt (100 × 61 mm.) steht etwas höher. Zwar auch er ist fast gänzlich unschraffiert. Aber die sauberen gleichmässigen Linien, der Brokatmantel, die feinen Striche in Haar und Bart verraten einen ziemlich geübten Arbeiter.

Diese beiden Holzschnitte werden weiterhin von Quentell noch in mehreren anderen Büchern wiederholt. Ausser ihnen sind von sicheren in Köln vor 1480 gefertigten Arbeiten nur noch die Illustrationen eines oft aufgelegten Werks zu nennen, das wir hier besprechen müssen. Es ist Werner Rolevincks fasciculus temporum.⁶⁹ Das Buch erschien in Köln einmal ungefähr um 1474 und zwar ohne Angabe des Jahrs bei Nikolaus Götz von Schlettstadt.⁷⁰ In dieser Ausgabe finden sich fünf Bilder (abgesehen von dem Regenbogen über der Arche), nämlich die Arche Noahs, ein Turm (Babel), dieser Turm noch einmal (Ninive), eine Kirche (templum domini), ein Thorgebäude (Rom). Diese Bilder sind ohne Rahmen, das Schiff und die Gebäude ohne Umgebung, ja ohne Boden zwischen den Text gesetzt. Es sind einfache Umriszeichnungen, nur hie und da weit schraffiert, die Umrisse so ziemlich gleichmässig geschnitten. Aber von einem Stil kann so abstrakten schematisch gefassten Texterläuterungen gegenüber nicht die Rede sein.

Die zweite (oder erste?) Ausgabe des Buches erschien 1474 bei Therhoernen.⁷¹ Sie enthält in den vollständigen Exemplaren zehn Bilder und zwar: die Arche (40×115 mm.) den Regenbogen (73 mm. Durchmesser). einen Turm (turris Babel 96×43 mm.), eine Stadt (Ninive 49×68 mm.), eine andere Stadt (Trier 45×67 mm.), diese Stadt noch einmal (Rom), die erste Stadt noch einmal (Jerusalem), die Stadt Köln (65×167 mm.), einen Christus am Kreuz⁷² (54×50 mm. und einen Salvator mundi (73×61 mm.. Auch diese Darstellungen sind mehr Schematismen als körperliche Bilder. Von der Schraffierung ist fast nirgends Gebrauch gemacht. Die Umrisse sind sauber und gleichmässig geschnitten. Rahmen fehlen ebenso wie in der ersten Ausgabe. Man sieht, es kam nur darauf an, mit den denkbar geringsten Mitteln das gedruckte Wort anschaulich zu machen. Auch das Bild der Stadt Köln giebt nur eine Silhouette, der natürlich die charakteristischen Gebäude, z. B. Gross St. Martin und der Chor nebst den Westteilen des Doms nicht fehlen dürfen, die aber doch keinen Anspruch erheben kann, als getreues räumlich empfundenes Abbild des damaligen Köln zu gelten.

Die dritte Ausgabe, bei Konrad Winter von Homborch 1476 gedruckt,⁷³ enthält zehn sehr unbeholfene Kopieen nach den Bildern der vorigen Ausgabe.

Die Stöcke dieser rohen Illustrationen sind dann in den Besitz des Druckers Nikolaus Götz von Schlettstadt übergegangen, der nach 1478 eine vierte Ausgabe⁷⁴ des fasciculus mit ihnen verschönte. Die Bilder dieser Ausgabe sind also nicht Kopieen nach denen der vorigen, sondern mit ihnen identisch. Mit den Schnitten von Götzens erster Ausgabe haben sie nichts zu thun.

1479 druckte endlich auch Quentell einen Fasciculus.[75] Diese Ausgabe enthält zwölf Bilder: Die Arche (56×118 mm.), den Regenbogen (43×89 mm.), den Turm Babel (100×45 mm.), eine Stadt (Ninive, 41×70 mm.), eine andere Stadt (Trier, 45×69 mm.), das templum domini (55×34 mm.), die zweite Stadt noch einmal (Rom), eine dritte Stadt (Jerusalem, 48×67 mm.), die Stadt Köln (67×210 mm.), die Anbetung des Christkinds durch die Heil. drei Könige (s. oben S. 6 f.), den kleinen Christus am Kreuz (s. o. S. 51), einen salvator mundi (s. o. S. 51). Auch diese Schnitte — mit Ausnahme der Anbetung natürlich und etwa des letztgenannten Salvator — stehen tief unter den Bibelbildern. Sie sind zwar recht sauber ausgeführt, aber wie alle vorigen ohne Zuthat, eben nur erläuternde Umrisse. Die Stadt Köln ist etwas ausführlicher dargestellt, als in den früheren Ausgaben, aber ohne Tiefe und mehr abstrakt charakteristisch, als breit realistisch.

Damit wäre die Reihe der illustrierten Kölner Drucke vor 1480 bereits geschlossen,[76] wenn nicht noch ein Werk übrig bliebe, das nach den Typen mit allergrösster Wahrscheinlichkeit einer Kölner Presse zugewiesen werden muss.[77] Es ist eine Ausgabe der ars moriendi, deren Tafeln bald mit handschriftlichem,[78] bald mit xylographischem,[79] bald mit typographischem[80] Text vorkommen. Die typographische Auflage ist in Köln erschienen, und es fragt sich nun, ob auch die Tafeln in dieser Stadt entstanden sind. Gewiss ist das keineswegs, da sie ja schon mehrere Auflagen hinter sich hatten, als sie von dem Kölner Drucker erworben wurden. Aber selbst wenn es der Fall sein sollte, lehren uns die Schnitte nicht viel. Es sind, wie schon wiederholt bemerkt wurde, ziemlich genaue Kopieen nach der sog. ersten Blockbuchausgabe,[81] deren Schnitte sie auch in der Technik getreu nachahmen. Dies gilt wenigstens von den ersten Blättern des Kölner Drucks. Wir finden nämlich einen bemerkenswerten Unterschied zwischen diesen und den folgenden signierten Bildern einerseits, der letzten Darstellung andererseits, so dass wir also drei stilistisch nicht unerheblich von einander abweichende Gruppen haben. Zur Erklärung dieser Erscheinung können wir entweder annehmen, dass drei verschiedene Formschneider an der Kopie gearbeitet haben, oder, dass nicht eine einheitliche Vorlage benützt wurde, sondern ein aus Blättern verschiedener Ausgaben gemischtes Exemplar, dessen Stilunterschiede dann auch in der Kopie nachgeahmt wurden. Aber gleichviel, über die Entstehung der Technik, die wir in unseren Bibelholzschnitten vor uns haben, sagt uns die ars moriendi gar nichts.

Die ersten Bilder zeigen durchaus den Stil des (niederländischen) Speculum Salvationis (s. unten Seite 55), der ja auch die erste Holzschnitt- ars moriendi auszeichnet. Die nächsten Bilder sind etwas trockener gehalten, aber gleichfalls unter niederländischem Einfluss. Die letzte Darstellung ist wieder den ersten ähnlich, aber fast ganz unschraffiert. Den Bildern der Quentellschen Bibel stehen alle gleich fern. Darnach brauchen wir sie nicht weiter zu berücksichtigen.

Dann muss aber zugestanden werden: was wir an sicheren, vor 1480 in Köln gefertigten Holzschnitten finden, ist so überaus dürftig, dass von einer eigentlichen Entwickelung der Formschneidekunst hier gar nicht die Rede sein kann. Die Bilder der Quentellschen Bibel stehen ganz unvorbereitet, ganz unvermittelt plötzlich vor uns. Es drängt sich uns die Vermutung auf: Kölner Boden kann dieses Werk nicht gezeitigt haben.

Und doch muss es in Köln entstanden sein: jene Erinnerungen an den Dom, die Stadtansicht vom Rhein aus, die Windmühlen auf den Mauertürmen beweisen das. Es bleibt nur übrig: die Schnitte der Bibel bieten eine genaue Parallele zu den Zeichnungen der Berliner Handschrift. Wie diese sind sie zwar in Köln gefertigt, die Technik aber, die Kunst, die sie hervorbrachte, ist anderswo erwachsen.

Nun fragt sich: wo finden wir eine Entwickelung der Formschneidekunst, die zu den Bildern der Quentellschen Bibel führt? Wohlgemerkt, einzelne diesen verwandte Blätter beantworten uns die Frage nicht. Nur eine starke, örtlich bestimmte, technisch einheitliche Gruppe von Holzschnitten verrät uns einen festen Ortsstil. Solche Gruppen zu finden, gehen wir von der Buchillustration aus.

6. Kapitel.

Uebersicht über die Buchillustration in den Niederlanden und Deutschland. (Schluss.)

Wir sind es so gewohnt, Anregungen und Vorbilder für das Kölner Kunstschaffen in den Niederlanden zu suchen, dass wir auch hier zunächst unsern Blick nach dem Nordwesten richten. Es sind aber nur wenige illustrierte Werke,[82] die in den Niederlanden zuverlässig[93] vor 1480 gedruckt wurden. Unter ihnen nimmt das Speculum humanae salvationis (Campbell 1569—1572) die erste Stelle ein. Die Holzschnitte[64] sind in allen vier Ausgaben dieselben. Sie zeigen einen sorgfältig ausgebildeten, sehr sauberen Stil. Kräftige, gleichmässige Umrisse, die den vollen Körperformen weich und rund folgen, umschliessen die Gestalten. Die Innenzeichnung ist in etwas feineren Linien ausgeführt und mittels ganz kurzer, fast überall keilförmiger Strichelchen modelliert. Diese Schraffierungen stehen locker, teils frei, teils an Linien angelehnt, verwachsen aber nie mit einander. Ausserdem erhält die Zeichnung individuelles Leben durch einzelne ganz feine, je nach Bedarf eingestreute Strichelchen, die bald den Gesichtern charakteristische Züge aufprägen, bald das Gewand noch lebendiger brechen sollen. Die Hauptfalten der Gewänder endigen häufig in kleinen, zweimal rechteckig gebrochenen Haken. Flächen, besonders an der Architektur, sind häufig mit ganz feinen, dichtgestellten, aber ungleich langen und nicht geometrisch geraden oder gleichmässig dicken Strichen überzogen.

Die Gesichter zeigen meist ein volles regelmässiges Oval mit hoher Stirn, gerader, ganz wenig vorspringender Nase, mit breitem Rücken und regelmässiger polygonaler Kuppe, lebendigen Augen. Die Gestalten sind verhältnismässig schlank. Die Landschaft ist aus einzelnen niedrigen, über einander geschichteten Felsplatten aufgebaut. Grosse Blattgewächse bedecken den Boden, der häufig mit kleinen Strichen regelmässig bedeckt ist. Hohe zackige Felsen kommen vor.

Auch die Bilder der zweiten Hand, die am Speculum mitgearbeitet hat, tragen im ganzen dieses Stilgepräge. Sie weichen nur wenig (im Aufbau der Landschaft, in den Typen) von jenen ab.

Die Art des speculum salvationis ist ganz und gar niederländisch. Nicht nur dass mehrere holländische Blockbücher völlig denselben Stil zeigen; auch in Einzelblättern, deren holländischer Text die Heimat sichert, kehrt eine ganz nahe verwandte Weise wieder, so dass die Stilgruppe als zweifellos niederländisch bezeichnet werden muss. Und in der That erklärt sich die Manier vortrefflich aus technischen Gewohnheiten, die wir oben angemerkt haben: es ist nichts anderes als die Uebersetzung der fein strichelnden Federzeichnung in Holzschnitt. Daher die ganz kurzen Schraffierungen, daher die sorgsamen Umrisse, daher das Ueberziehen ganzer Flächen mit feinen Strichelchen.

Ebenso klar ist aber, dass dieser Stil mit den Quentellschen Bibelholzschnitten gar nichts zu thun hat. Nächst dem Speculum sind nur noch zwei illustrierte Werke vor 1480 aus der niederländischen Presse hervorgegangen. Einmal Werner Rolevincks fasciculus temporum (Campbell 1478, 1479, der zuerst 1476 bei Veldener in Löwen erschien. Die Bildchen des Buches sind sehr sauber, gestatten aber (aus eben den Gründen, die oben S. 52 angeführt wurden) kein Urteil über den Stil. Nur der Salvator kann zur Würdigung herangezogen werden. Dieser sehr feine und sehr individuelle Schnitt steht weit über den Kölner Bibelbildern. Er zeigt eine viel weniger schematische Linienführung und kommt in Typus und Gewand einem wirklichen Menschenabbild viel näher, als jene. Jedenfalls setzt er ganz anders geartete Vorstufen voraus.

Vollends das zweite noch zu erwähnende Buch enthält Bilder grundverschiedener Art. Es ist Boccaccio de Certaldo, de la ruyne des nobles hommes et femmes, 1476 bei Colard Mansion in Brügge gedruckt (Campbell 295, dazu Suppl. II, 295).[85] Die Illustrationen dieses Werks sind bekanntlich Stiche, kommen also hier nicht weiter in Betracht.

Ausser diesen drei Werken wäre nur noch eine Reihe Druckerzeichen und einzelner Schnitte zu erwähnen,[86] die aber durchweg mit unseren Bibelbildern nichts zu thun haben.

Wenn wir von den Blockbüchern absehen,[87] so ist damit alles erschöpft, was an illustrierten Büchern in den Niederlanden bis 1480 erschien. Wir haben nichts gefunden, was unseren Kölner Holzschnitten verwandt wäre, sie vorbereitete und damit etwa als niederländisch erwiese.

Wir müssen uns also weiter umsehen und gehen darnach die wichtigeren deutschen Druckorte einzeln durch.[88]

Die ersten deutschen illustrierten Bücher erschienen bekanntlich in Bamberg bei Pfister. Die Holzschnitte[89] dieser heute sehr seltenen Werke sind fast unschraffiert. Wo Schraffierung auftritt, besteht sie aus ganz locker angeordneten, ziemlich derben, ungleichmässigen Strichen. Die Zeichnung ist völlig schematisch. Die Augen, offen, mit grosser Pupille, Mund und Nase sind aus geraden, nirgends gerundeten Linien gebildet. Das ganze macht einen höchst anfängerhaften Eindruck und kann nicht von fern zur Aufhellung unserer Frage herangezogen werden. Auch die Bilder der „Vierundzwanzig Alten", die zu Bamberg erschienen sein sollen, haben nichts mit unseren Bibelillustrationen zu thun. Die starren starken Umrisse, die wenig dünnere, spärliche und ganz weite Schraffierung allein schon schliessen jede Beziehung zu jenen aus.

Unter allen deutschen Druckerstädten des 15. Jahrhunderts hat jedenfalls Augsburg die meisten illustrierten Bücher ausgehen lassen. Die Bilder dieser Werke zeigen einen durchaus einheitlichen Charakter. Wir begegnen überall derselben Art Schraffierung (wo sie überhaupt auftritt) in lockeren, schräg gestellten Reihen ganz gerader Striche, die entweder den Zwischenraum zwischen zwei (Falten-) Linien ausfüllen, oder — und dann gleichmässig kurz — auf einer oder auf beiden Seiten frei stehen. Die Umrisse sind mässig stark, die Schraffierungen noch schwächer. Besonders bemerkenswert ist das Starre, Eckige, Geometrische der Umrisse, gleichviel ob sie eine Körperform oder ein Gewand umschreiben. Ebenso sind die Typen in allen Augsburger Illustrationen annähernd dieselben. Wir finden überall etwas zu grosse, runde Köpfe, breite Gesichter, im spitzen Winkel ziemlich weit vorspringende Nasen, Augen, deren Pupille stets in eine Ecke gerückt ist, kurz einen völligen Mangel an individuellen Linien, charakteristischen Gesichtern. Landschaft ist fast gar nicht vorhanden. Wo sie auftritt, zeigt sie nicht sanft gerundete Hügel, sondern verhältnismässig steile Erhebungen, grössere Vertiefungen und Einschnitte.

Gleich das erste bedeutendere Werk der Augsburger Illustration, die sogenannte Pflanzmannsche Bibel rechtfertigt diese Gesamtcharakteristik. Nur dass hier die Schraffierung noch feiner ist, als später gewöhnlich. Das nächste von Muther angeführte Buch, Guidos de Columna Historie von der Zerstörung der Stadt Troja stellt uns dann den handwerksmässigen Stil vor Augen, der in Hunderten von Bildern die Erzeugnisse der Augsburger Presse durchzieht. Die Hauptwerke Günther Zainers sind sämtlich mit Bildern dieses Stils geschmückt, wenn auch die Arbeit bald feiner, bald gröber, bald sorgfältiger, bald flüchtiger ausgefallen ist. Nur ein Werk fällt etwas aus der Reihe, des Rodericus Zamorensis Spiegel des menschlichen Lebens (G. Zainer 1471). Hier finden sich neben ganz typisch augsburgischen Bildern auch solche mit individuelleren Gestalten und freieren Gesichtern. Mit den Holzschnitten der Kölner Bibel können sie freilich ebensowenig zusammen genannt werden, als jene.

Auch die Illustrationen der bei Bämler oder Sorg erschienenen Bücher fügen sich fast durchaus dem beschriebenen Schema. Endlich ist der Kalender, von dem Muther (Tafel 31—35) reichliche Proben giebt, höchstens dadurch interessant, dass hier bisweilen ein schwacher Versuch gemacht wird, die Schraffierungsstriche zu runden. Dass ihn dieser Versuch bei der groben Ausführung des ganzen unseren Holzschnitten nicht näher bringt, leuchtet ohne weiteres ein.

Ob das Werk, das bisher stets an der Spitze der Nürnberger Illustration stand, die angeblich bei Frisner und Sensenschmidt erschienene deutsche Bibel nicht eher, wie Walther[90] will, nach Basel oder Strassburg zu verweisen ist, kann hier nicht ausgemacht werden. Sicher ist, dass ihre Holzschnitte besser sind, als die der meisten anderen sicher in Nürnberg entstandenen Buchillustrationen dieser Jahre. Sie stehen etwa in der Mitte zwischen den Augsburger und Ulmer Formschnitten. Individueller als jene, sind sie doch nicht so frei wie diese. Sie sind durchweg gleichmässig und oft recht derb gearbeitet, insbesondere sind die markigen Umrisse sehr kräftig. Mit den Bibelbildern aus Köln lassen sie sich nicht vergleichen.

Ziemlich viel tiefer stehen die Schnitte eines sicher nürnbergischen Passionals, das 1475 bei Hans Sensenschmidt heraus kam. Sie sind von zwei verschiedenen Händen, aber beiderseits derb, ungleichmässig, wenig und locker schraffiert. Etwas mehr technische Schule, aber eine ganz anders gerichtete Uebung verraten dann die Schnitte einiger Drucke Kreussners (Marco Polo 1477, Griseldis 1478, Melusine s. n.). Aber auch wenn alle diese Arbeiten eine einheitliche Manier offenbarten: als Vorstufen der Kölner Bibelillustration könnten sie nicht betrachtet werden. Es scheint indessen, als dürfe man von einem fest ausgeprägten Gesamtstil der Nürnberger Illustration vor 1480 gar nicht sprechen.

Etwas anders liegen die Dinge, wenn wir nun die Ulmer Drucke in Betracht ziehen. Die Holzschnitte der vier Bücher von der Ritterschaft können wir beiseite lassen, nicht weil sie „keine Originalkompositionen" sind — das sind die allerwenigsten Buchillustrationen vor 1480, — wohl aber weil sie wie italienische Schnitte jeder Schraffierung entbehren. Mehr zu sagen ist über die Erzeugnisse der Presse des Johannes Zainer. Da ist es zunächst ein Hauptunterschied, der die Bilder dieser Bücher von den Augsburger und Nürnberger Formschnitten trennt. In Ulm wird Gewand- und Körperform nicht mehr mit geraden, im Winkel auf einander stossenden Linien umschrieben, vielmehr bildet der Umris die Erscheinung der Wirklichkeit nach.

Zunächst ist dieser Fortschritt nur leise bemerkbar. Die Bilder in Bocaccios compendium de praeclaris mulieribus (J. Zainer 1473) sind den besseren Augsburger Erzeugnissen einigermassen verwandt. Doch finden wir schon hier gerundete Umrisse und individuelle Gesichter. Weit höher noch stehen die übrigen illustrierten Druckwerke J. Zainers. In den Bildern des Aesop passen sich nicht nur die Umrisse, sondern auch die Schraffierungen der Körperform an. Kleine halbrunde Strichelchen erhöhen den Eindruck der Körperlichkeit, und die Sicherheit und gleichmässige Sauberkeit der Ausführung bringen einen sehr erfreulichen Eindruck hervor. Dazu kommt nun ein Reichtum an Erfindung und Charakteristik, der diese Arbeiten weit über sämtliche oben genannten Illustrationen erhebt. Die Bilder der „Gaistlichen Usslegung des Lebens Jesu Christi" vollenden diese in verschiedenen Drucken zu Tage tretende Richtung des Formschnitts. Insbesondere ein Teil der Illustrationen jenes Werks, der eingehende Modellierung erfahren hat, nähert sich mit seinen rundlichen Schraffierungen, mit den Augen und Häkchen in den Falten geradezu dem Kupferstich.

Es ist klar, dass gerade die Vorzüge, die wir der Ulmer Illustration nachrühmen konnten, diese von den Bildern der Quentellschen Bibel scharf unterscheiden.

Die Illustrationen der Werke Konrad Fyners in Esslingen, z. B. Nigers (Schwarzens) Stern Messiah, zeigen unverkennbaren Zusammenhang mit der Ulmer Illustration. Hier wie dort finden wir die individuelle Behandlung des Umrisses und der Schraffierung, die Häkchen in den Schatten, die charakteristischen Köpfe, wenn auch die Esslinger Arbeiten nicht mit den besten Schnitten aus Ulm wetteifern können.

Von dem einzigen in Basel zuverlässig vor 1480 erschienenen illustrierten Buch giebt Muther recht irreführende Kunde. Die Abbildungen, die er auf Tafel 64—66 mitteilt, stammen nämlich gar nicht, wie Muther angiebt, aus dem Spiegel menschlicher Behaltnis, den Bernhard Richel 1476 in Basel druckte,[91] sondern wohl aus einem Werk der schwäbischen Presse. Zuverlässige Abbildungen finden sich dagegen bei Sotheby, principia typographica II Tfl. 93. 1—3 und 94. 4—5.) Der Druck enthält Bilder verschiedenen Stils, die im ganzen der Augsburger Illustration näher stehen, als der Ulmer. Eine Gruppe von Schnitten ist reichlich, aber recht unregelmässig schraffiert. Andere weit spärlicher. Alle stehen in der Technik wie in den Typen den Kölner Schnitten ganz fern. Ob die Ausgabe der Melusine, die in der Kopfleiste den Baselstab zeigt,[92] ebenfalls in Basel gedruckt ist, wissen wir nicht anzugeben. Abgesehen von der lockeren Schraffierung schliessen schon die Typen jede Verwandtschaft mit den Bibelbildern Quentells aus.

Vollends tief unter diesen scheint alles zu stehen, was bis 1480 für die Strassburger Illustration geschaffen wurde. Unbeholfener Schnitt, ungleichmässige Umrisse, ungleichmässige Schraffierungen, starre Typen mit glotzenden Augen lassen die nachmalige Blüte der Strassburger Illustration noch nicht von fern ahnen.

Besser sieht es wieder in Speier aus. Wenn auch die Bildchen des fasciculus temporum, den Drach 1477 druckte, ziemlich schlecht geschnitten und nur locker und spärlich schraffiert sind, so sollen [93] doch die Illustrationen des Spiegels menschlicher Behaltnis (Hain 14935) bedeutend höher stehen.

Ganz unbeholfen und roh sind die Schnitte des Defensorium inviolatae virginitatis Mariae, das Reyser in den siebenziger Jahren druckte.

So bleibt uns nur noch Lübeck auf deutschem Boden. Hier ist die Illustration des 1475 bei Lucas Brandis erschienenen rudimentum noviciorum als eine hervorragende Leistung zu nennen. Freilich leuchtet auch auf den ersten Blick ein, wo der Verfertiger dieser Holzschnitte gelernt hat. Die schmiegsamen Umrisse, diese ganz kurzen Strichelchen zur Schraffierung, das Bedecken ganzer Flächen mit kurzen Strichen, die rechteckigen Faltenhaken, dann die Gesichtstypen mit den langen geraden, wenig vorspringenden Nasen, weiter der Aufbau der Landschaft in allen Einzelheiten: alles verrät so deutlich die Schule, der das älteste holländische speculum salvationis entstammt (s. oben S. 55), dass wir nicht zweifeln können: dieser Formschneider ist entweder in den Niederlanden selbst geschult, oder im engen Anschluss an dort entstandene Werke in seiner Kunst Meister geworden.

Das zweite, Lübeck 1478 s. typ. erschienene Werk: Passionael von Jesus und Marien levende enthält dagegen wieder kleine, ziemlich rohe, nicht einmal gleichmässig geschnittene Bilder, die weit hinter denen des Rudimentum noviciorum zurückbleiben.

Damit hätten wir unseren Rundgang durch die deutschen Druckstädte beendet — ohne Ertrag, müssen wir gestehen. Nirgends fanden wir etwas unseren Kölner Holzschnitten technisch verwandtes, nirgends Arbeiten, die als Glieder derselben Entwickelungsreihe, der jene angehören, gelten könnten.

Nun bleibt nur noch eine Möglichkeit: hat der Formschneider der Quentellschen Bibelbilder seine Schulung nicht in einer niederländischen oder deutschen Druckstadt erlangt, so kann er nur aus Frankreich gekommen sein. [94]

Leider sind illustrierte französische Drucke aus unserer Frühzeit in deutschen Bibliotheken nur spärlich vertreten,[95] und eine zusammenhängende Darstellung der französischen Buchillustration mit genügenden Proben ist noch nicht erschienen. So müssen wir uns denn aus etwas jüngeren Drucken, die nicht gerade selten sind, und aus vereinzelten Abbildungen [96] eine Vorstellung zu bilden suchen.

Das ist glücklicherweise sehr wohl möglich. Die allermeisten illustrierten Werke der achtziger und neunziger Jahre weisen nämlich übereinstimmend einen ganz bestimmten Stil auf. Man sieht also: eine feste, früh zur Herrschaft gelangte, technische Ueberlieferung hat bestanden. Sie mag vornehmlich in Paris und Lyon ausgebildet worden sein und reicht in ihren Anfängen zweifellos noch in die siebenziger Jahre zurück. Die Haupteigenheiten dieses Stils [97] sind: höchst sorgsame Gleichmässigkeit der Arbeit, leicht geschwungene, kräftige Umrisse, feinere, oft sehr feine, gerade (oder doch nur wenig gerundete) Schraffierungen in ziemlich langen, verhältnismässig dicht gestellten Linien. Dazu eine Vorliebe für das Breitformat der Bilder, möglichste Ausfüllung des ganzen verfügbaren Raumes. Endlich allerlei Einzelheiten technischer und ikonographischer Art: hie und da bleibt schwarzer Grund stehen, besonders zwischen den Aesten und dem Laub der Bäume, Flächen werden mit kleinen Strichen regelmässig überzogen, Figuren und Dinge (besonders Steine) werfen Schatten, auf dem Boden wachsen grosse Grasbüschel, am Wasser nicken Schilfkolben, das Haar steht um die Männerköpfe in derben Strähnen, die Augen sind häufig wie zusammengekniffen u. s. w. Und noch eins: in den Prachtwerken der französischen Presse sind häufig grosse, umrahmte Zierleisten verwandt, die die ganzen Seiten umschliessen,[98] meist Ranken, in denen Figuren und Tiere ihr Wesen treiben.

Kaum haben wir noch nötig, daran zu erinnern, dass wir alle diese Züge schon in unserer Kölner Bibel fanden. In der That ist uns im ganzen Gebiet der Illustration des 15. Jahrhunderts nichts begegnet, was den Holzschnitten der Quentellschen Bibel so nahe käme, wie diese Gruppe französischer Buchillustrationen. Wir legen dabei den Hauptnachdruck nicht auf Einzelheiten, obwohl wir selbst bestimmte Typen unserer Bibelbilder in den französischen Holzschnitten wiederfinden, sondern vielmehr nur auf die beiden Hauptzüge: das Gesamtbild, das wesentlich auf dem Verhältnis der Umrisse zur Schraffierung und auf deren Anordnung und Dichtigkeit beruht, und die Art, wie die Bilder in den vorhandenen Raum hineinkomponiert sind. Diese Züge wurzeln in einer bestimmten technischen Schulung: wo wir sie wiederfinden, müssen wir auch dieselbe technische Schule voraussetzen.

Damit wäre denn erwiesen, dass wir den Ursprung des Stils, den die Holzschnitte der Quentellschen Bibel zeigen, nur in Frankreich suchen dürfen. Wie wir uns nun unter dieser Voraussetzung die Entstehung der Bilder in Köln denken sollen, darüber lassen sich höchstens Vermutungen äussern. Höchst wahrscheinlich hat sie ein etwa in Paris oder Lyon geschulter Formschneider, der auf der Wanderschaft in Köln Arbeit suchte, dort gefertigt. Mit vollkommener Sicherheit und vor allem mit grösserer Genauigkeit liesse sich die Heimat des Formschneiders erst dann feststellen, wenn es gelänge, dieselbe Hand, die unsere Kölner Bibelbilder geschnitten hat, in den Illustrationen eines frühen französischen Druckes wieder zu erkennen. Dann würde sich auch bestimmter ausmachen lassen, was an unsern Bildern Eigentum des Formschneiders ist, und was aus der Vorlage stammt. Denn selbst jetzt noch, da wir doch die technische Abkunft unseres Formschneiders kennen, bleibt unentschieden, ob er z. B. die Abbildungen kölnischer Bauten in die Bibelillustrationen hereinbrachte, oder ob er sie schon vorfand. Auch wenn wir annehmen, dass ein zugewanderter Fremder der Verfertiger war, ist durchaus möglich, dass er frischen Blick und gute Erinnerung genug besass, um diese (übrigens keineswegs sehr genauen) Stadtbilder festzuhalten. Vermöchten wir aber den Anteil des Formschneiders von dem der Vorlage bestimmt zu scheiden, so wüssten wir wohl auch, ob diese Vorlage eine holländische oder kölnische Handschrift war. Diese Frage muss also offen bleiben, ebenso wie die nach dem Entstehungsort der Urschrift und die nach der engeren Heimat des Formschneiders.

Immerhin, so vieles auch noch zu beantworten ist, dies Ergebnis wird, so hoffen wir, bestehen bleiben: die Holzschnitte der Kölner Bibel sind keine Originalkompositionen sondern Kopieen nach Zeichnungen einer Handschrift. Und sie sind zwar wohl in Köln entstanden, aber nicht aus der Kölner Kunst erwachsen, weder inhaltlich, noch technisch: ein in Frankreich geschulter Formschneider hat sie gefertigt.

Anmerkungen zur Einleitung.

[1] Eine klare Uebersicht über die Geschichte der Stadt Köln im Mittelalter (mit reichlichen Litteraturangaben) hat Korth in den Annalen des hist. Vereins f. d. Niederrhein 50 (1890) gegeben. Vgl. insbes. S. 20 ff.

[2] Nur Kleinigkeiten werden noch erwähnt. Z.B. der Bau einer Sakristei an der Ratskapelle. S Stein. Akten zur Gesch d. Verf u Verwaltung der Stadt Köln im 14. u. 15. Jahrh. 1893 ff. II, 503. 504. Sodann Beisteuern zu kirchlichen Bauten s Ennen. Gesch der Stadt Köln. 1863 ff. III, 095. Ankauf eines Hauses zu Amtsräumen Stein II. 53/4 und ähnliches. Vgl. aber auch ebenda II, 400. Nach einer freundlichen Mitteilung des Herrn Archivar Dr. Hansen in Köln «lässt sich der Niedergang der Stadt im 15. Jahrhundert vor allem aus den städtischen Rechnungsbüchern erweisen. Die Einnahmequellen der Stadt, bes. die Accise, bringen im Lauf des 15. Jahrh. immer weniger ein.»

[3] Oder wie man sonst den Meister des Klarenaltars nennen will.

[4] Chroniken der deutschen Städte Bd. XIII—XIV = Köln Bd. II—III. Allgemeine Würdigung der Chronik II. 241. Offenbar anerkennende Aeusserungen über die böhmische Ketzerei III. 757. Anderes II. 337. III, 792.

[5] Umschrift des grossen Ratssigels. Vgl. Ennen a. a. O. III, 788 ff. bes. 780 ff. 788 ff.

[6] Chroniken der deutschen Städte XII—XIV = Köln I—III. Einleitung Bd. XII S. LXXV ff. Bd. XIII bes. S. 287 ff.

[7] Vgl. die Litteratur bei Gödeke, Grundris ^{2} I § 100 S. 473 ff. und Schiller-Lübben, Mittelniederdeutsches Wörterbuch. Bremen 1875 ff. Bd. V. 1880. Vgl. auch die Einleitung, die W. Scheel seiner Studie Jaspar von Gennep vorausschickt.Westdeutsche Zeitschrift, Ergänzungsheft VIII (1895). Hier wird sehr richtig der niedere Stand der geistigen Kultur in Köln während des 15. Jahrhunderts gegenüber dem 14. u. 16. Jahrh. hervorgehoben.

[8] Vgl. Wackernagel, Kirchenlied II (1867) 1019—1025 S. 789 ff. Germania XVII (1872) S. 357. Sicherlich gehören auch die im Beginn des 16. Jahrhunderts in Köln gedruckten geistlichen Dichtungen einer weit älteren Zeit, als der des ersten Druckes an. Vgl. Norrenberg. Kölnisches Litteraturleben im ersten Viertel des XVI. Jahrh. 1873. Dazu die Recension in Wagners Archiv I (1874) S. 554 und Nd. Jb. XIV. 4 ff.

Ferner Kölnische Zeitung 1894. Beilage 404. Und Schade. Geistliche Gedichte vom Niederrhein. 1854.
⁹ Vgl. Germania XVII, 191. Niederdeutsches Jahrbuch XVIII, 114. XIX, 90. 163.
¹⁰ Gödeke. Grundris² I, 478. § 100,3. Niederdeutsches Jahrbuch XI (1885) 101. Centralbl. f. Bibliothekswesen IX (1892) 508. 578. Vgl. auch Geffcken, Bilderkatechismus S. 45. 110.
¹¹ S bei Geffcken a. a. O. u. Pfeiffer in Frommanns deutschen Mundarten I, 176. Reichliche Proben weiter ebenda II, 1, 289, 433. III, 49.
¹² Vgl. Allgem. deutsche Biographie XXIV, S 742.
¹³ Janssen, Gesch. des deutschen Volkes seit dem Ausgange des Mittelalters I (1878) S. 253.
¹⁴ Jostes, die Schriften des Gerhard Zerbolt von Zutphen De libris teutonicalibus. Hist Jb. der Görresgesellschaft XI (1890) S. 17: Et vere hodie sunt multi layci, qui continuo legunt in libris de Rolandino et de bello Trojano et sic de aliis ineptis et inutilibus fabulis, quibus utique salubrius foret, quum illum laborem suum divinis scripturis legendis et intelligendis adhiberent. Der Pfarrer Ulrich zu Potenstain sagt in seiner Auslegung des Symbolum Apostolicum: Auch gedicht ich mir wie lobleicher und pesser waer... man lese in dem püch, denn in den pöchern der alten sagmaer oder in dem Tytrell oder in dietreichs von pern und der andern rekchen streytpüchern, die nicht denn eytle ding leren und sagen. Altdeutsche Bll. I, 49. Vgl. eben da die Auslassung was schaden tantzen bringt: dar umme werdent dick die tichter und meistersenger und vorsengerin swerlich gestrafft.
¹⁵ Weigel-Zestermann, Anfänge der Druckerkunst 1866. S. XVI u. Anm. 7 dazu.
¹⁶ Cruel (Gesch. der deutschen Predigt im Mittelalter. 1879. S. 497. 626 f.) hat einiges derart zusammengestellt Ich füge noch zwei Stellen hinzu: Dietrich Vrie von Osnabrück predigt gegen die weltlichen Liebeslieder vgl. Jostes. zur Gesch. der mittelalterl Predigt in Westfalen. Zeitschrift f. Gesch. u. Altertumskunde Westfalens Bd. 44. Geiler von Kaisersberg predigt gegen die weltlichen Erzählungen. Grimm. Heldensage² 135c.
¹⁷ Vom Standpunkt der Kirche aus ist übrigens die Abweisung der weltlichen Litteratur wohl zu verstehen. Die deutschen Romane des 15· Jahrhdts. atmen bekanntlich eine sehr kräftige Sinnlichkeit.
¹⁸ Vgl Kirchhoff, Beiträge zur Gesch. des deutschen Buchhandels I, 26 u. 41 ff. Hase, die Koberger. ² 1885. S. 239. ff. S. aber auch Jostes, die Schriften des Gerhard von Zutphen De libris teutonicalibus. Hist. Jb. der Görresgesellschaft XI (1890) S. 1 ff.
¹⁹ Vgl. die Universitätsstatuten bei Keussen, die Matrikel der Universität Köln. 1892, u. Kirchhoff a. a. O., wo der kirchliche Charakter der gedruckten Kölner Litteratur mit Recht stark betont wird.
²⁰ Vgl. die Einleitung der Kölner Bibel bei Göze, Versuch einer Historie der gedruckten niedersächs. Bibeln. 1775 S. 51 ff. und Walther, die

deutsche Bibelübersetzung des Mittelalters. 1889. Sp. 657 f. Die Stelle der Kolhoffschen Chronik in den Städtechroniken XIV, S. 794.

[21] Nach den Zusammenstellungen Nörrenbergs, die ich durchsehen durfte und denen ich nichts hinzuzufügen wusste. Die deutsch-lateinischen Wörterbücher sind nicht mitgezählt

[22] Hain, Repertorium bibliographicum. Stuttgart 1826. Indices opera Conradi Burger. Leipzig 1892.

[23] Wir werden etwa ansetzen dürfen: Köln: Strassburg: Augsburg = 1 : 3 : 12. Wahrscheinlich aber steht es noch schlimmer für Köln.

[24] Die deutsche Büchcrillustration der Gotik und der Frührenaissance. Leipzig und München 1884.

[25] Merlo (Kölnische Künstler in alter und neuer Zeit. Neue Ausgabe von Firmenich-Richartz und Keussen. Düsseldorf 1895) erwähnt nur sechs Schreiber. Davon sind fünf Mönche, einer Domvikar. Der einzige im Register als Illuminist angeführte H. Zonsbeck ist nach dem Text nur Schreiber gewesen. Ob der Illuminator (wohl Initialenmaler), den Ennen III, 1025 erwähnt (illuminatori meo pro libris 10 fl.), ein Geistlicher oder ein bürgerlicher Gewerbtreibender war, ist nicht sicher. Die Nachricht ist vom Jahr 1465.

[26] III, 1043. Die älteste Erwähnung eines Briefdruckers in Köln stammt erst aus dem Jahre 1483.

[27] Bei dieser Gelegenheit muss ich mir eine Bemerkung gegen W. L. Schreiber erlauben. In dem gehaltvollen Aufsatz «Darf der Holzschnitt als Vorläufer der Buchdruckerkunst betrachtet werden?» (im Centralbl. für Bibliothekswesen 1895, auch separat: Leipzig. Harrassowitz) wendet sich der Verfasser gegen einen Punkt meiner einleitenden Erörterungen. Er bestreitet, dass man «Briefmaler, Formschneider, Kartenmacher, Drucker und ähnliche Gewerbetreibende als gleichbedeutende betrachten» dürfe (S. 53 u. Anm. 6). Das habe ich aber so allgemein gar nicht behauptet. Nur dass nachweisbar so und so oft ein Mann Schreibfeder, Zeichenstift, Pinsel und Schneidemesser führte, wollte ich darthun. Genauer geht der Zusammenhang, dem die von Schreiber angegriffene Stelle angehört, auf den Nachweis aus, dass die Leute, die Heiligenbilder und bilderreiche Volksbücher in endloser Wiederholung zunächst mit Feder und Pinsel herstellte, wohl bald selbst zum Schneidemesser griffen und ihre Hauptartikel xylographisch vervielfältigten. Das suchte ich unter anderem durch den Hinweis auf die Thatsache zu erweisen, dass oft genug Bezeichnungen für jene beiden verschiedenen Thätigkeiten einem Manne beigelegt werden. So besteht denn auch die Anführung der drei Basler Meister zu Rechte, denn es wird in der That Adam von Spir bald als Maler, Kartenmacher, Kartenmaler, Briefmaler, bald als Heiligendrucker, Lienhart Ysinhut bald als Maler, Kartenmacher, Briefmaler, Heiligenmaler, bald als Briefdrucker, Heiligendrucker, Jakob Beideler bald als Kartenmacher, Briefmaler, Heiligenmaler, bald als Heiligendrucker bezeichnet. Dass nur Ysenhut auch Briefdrucker heisst, ändert daran doch nichts. Auf die weiteren Ausführungen in

Schreibers Aufsatz einzugehen, ist hier nicht der Ort. Mir scheint der Versuch, die einzelnen Vorkehrungen, die z. B. zur Herstellung eines xylochirographischen Blockbuches nötig waren, verschiedenen, getrennt von einander arbeitenden Männern zuzuschreiben, doch ziemlich künstlich. Gern gebe ich aber zu, dass vorläufig weder Urkundenveröffentlichungen, noch Einzeluntersuchungen die Annahme grösserer oder kleinerer Werkstätten, in denen jene Erzeugnisse ganz und gar hergestellt wurden, hinlänglich rechtfertigen. Aber ganz dasselbe gilt auch von Schreibers Aufstellung, dass der Formschnitt vorwiegend von Schreinern oder Holzbildhauern geübt worden wäre. Die Geschichten, die das beweisen sollen, sind so dunkel und vieldeutig (z. B. die von den Feindtafeln, die keineswegs der Schreiner auch geschnitten haben muss!), dass wir von ihnen wohl lieber ganz absehen.

Wir durften hier auf diese Frage eingehen, weil in Köln charakteristischer Weise nicht ein einzelnes, sondern die ganze Gruppe der mit der Briefmalerthätigkeit verwandten Gewerbe fehlt.

[28] Stein, Akten I, 238. II. 374. I. 518.
[29] Ennen III, 759.

Anmerkungen zum Text.

[1] Auch Frimmel (Zur Kritik von Dürers Apokalypse. Wien 1884. bes. S. 8 ff. und: Die Apokalypse in den Bilderhandschriften des Mittelalters. Wien 1885. S. 10) lässt gelten, dass Dürers Apokalypse den Holzschnitten der Kölner Bibel Anregungen in ikonographischer Beziehung verdankt. Einen engeren Zusammenhang dagegen bestreitet Frimmel mit Recht.

[2] Vgl. Jb. d. Kgl. Pr. K.-S. XIII (1892) 161 ff. R. Kekulé, über einige Holzschnittzeichnungen Holbeins.

[3] Zur Bibliographie vergleiche: I Hain* 3141. Ebert 2347. Klemm 342. Ennen (Katalog der Inkunabeln in der Stadtbibliothek zu Köln) Nr. 333. II Hain 3142. Panzer I. 15, 13. Holtrop 270. Nentwig (Die mittelalterl. Hss. u. die Wiegendrucke in der Stadtbibliothek zu Hildesheim. Centralbl. f. Bibl. Wesen XI (1894) S. 356).

Ausführlicher handeln von der Bibel und ihren Holzschnitten:

Knoch, Bibliotheca biblica. Braunschweig 1752. IX A (S. 82) Nr. 9—13. Von Knochs «Nachrichten» ist nur der 1. Band (die lateinischen Bibeln behandelnd) erschienen.

Joh. Melchior Goeze, Versuch einer Historie der gedruckten niedersächs. Bibeln (1470—1621) Halle 1775. S. 51 ff.: bringt die ersten genaueren Nachrichten über ein niedersächs. Exemplar. Hier findet sich auch die ältere Litteratur zusammengestellt.

Von **Panzers** sämtlichen Arbeiten kommen nur die Annalen der älteren deutschen Litteratur (Nürnberg 1788) in Betracht, die unter 1, 15, 13 die Beschreibung von Gözes niedersächs. Exemplar wiederholen.
Niesert, Literärische Nachricht über die erste zu Köln gedruckte niederdeutsche Bibel. Kösfeld 1825: Beschreibung eines holländischen Exemplars. Feststellung des Verhältnisses zur Koberger Bibel, Bestimmung des Druckers.
Scheller, Bücherkunde der sassisch-niederdeutschen Sprache. Braunschweig 1826. Nr. 394—395.
Lempertz, Beiträge zur älteren Geschichte der Buchdruck- u. Holzschneidekunst 1. Heft [2]. Köln 1839 Der Schluss auf Götz von Schlettstadt als den Drucker der Bibel erledigt sich damit, dass Götz nachweislich noch 1480 druckte, also zu einer Zeit, da Quentell längst im Besitz der Bibeltypen war.
Muther, die ältesten deutschen Bilderbibeln. München 1883. Nr. 7. Die (nicht sehr genaue) Erörterung unserer Bibel ist wieder abgedruckt in desselben Verfassers deutscher Bücherillustration der Gotik und der Frührenaissance. München u. Leipzig 1884. S. 49 ff.
Walther, die deutsche Bibelübersetzung des Mittelalters. Braunschweig 1889. (III) Sp. 655 ff. Anderes wird am gegebenen Orte berücksichtigt werden.

[4] Hain * 6923.
[5] Hain * 6925.
[6] Hain * 1894.
[7] Ennen 286.
[8] Hain * 1483.
[9] Der Astesanus ist datiert: II⁰ Kalendas septembris.
[10] Vgl. insbes. Walther a. a. O. Sp. 655 ff.
[11] Ueber den Psalter s. u. S. 12
[12] Auf Stephan Lochners jüngstem Gericht, jetzt im Wallraf-Richartz-Museum. Abbildung z. B. bei Janitschek, Gesch. der deutschen Malerei. 1890. zu S 230.
[13] Für den Psalter lag vielleicht von Anfang an ein guter kölnischer Text vor. S. u. S. 12.
[14] Ob erst noch einmal ins Niedersächsische umgeschrieben oder von einem niedersächsischen Setzer gleich umgesetzt, bleibt unentschieden.
[15] Ueber die Schwierigkeiten, die ein unternehmender Drucker des 15. Jahrhunderts zu überwinden hatte, wenn es galt, einen korrekten Text zu beschaffen, mag man Hase, die Koberger. [2] 1885. S. 81 ff. nachlesen. Mit dem Quellenverzeichnis Walthers zusammengehalten gewähren diese Ausführungen eine annähernde Vorstellung von den umständlichen Vorbereitungen, die unser Bibeldruck forderte.
[16] Abbildungen finden sich: bei **Muther**, Bücherillustration. Tafel 104 u. 105 (vier Bilder), bei **Essenwein**, die Holzschnitte des XIV. u. XV. Jahrhdts. im Germ. Museum. Tafel 96—98, bei **Walther** a. a. O. zur Halberstädter Bibel, bei **Lempertz** a. a. O. (sehr schlecht) Endlich unsere Tafel 1.

Zum Folgenden vergleiche man unser Verzeichnis Die Zahlen geben die Reihenfolge der Bilder in den einzelnen Ausgaben an.

[17] Wir glauben, dass solche leere Wappenschildchen, die sich nicht selten auf Titelbildern und Titelleisten finden, zur Aufnahme des Wappens oder der Hausmarke des Besitzers dienen sollten. Solche nachträglich mit Zeichnung oder Malerei gefüllte Schilde treffen wir hie und da.

[18] Abbildungen dieser vier Leisten bei Muther, auf dem Titel zum zweiten Band (verkleinert).

[19] Abgebildet sind diese vier Leisten bei Muther auf dem Titel zum ersten Band Auch bei Essenwein a. a. O.

[20] In einigen Exemplaren der holländisch-kölnischen Ausgabe fehlen die Bilder Nr. 59 und 60, für 58 ist ganz verkehrter Weise 77 eingesetzt (so in dem Exemplar der Berliner Bibliothek: Bibl. sacra 45 fol) Der Raum für die fehlenden Bilder ist ausgespart. Da sich alle drei Darstellungen 58—60 in anderen Exemplaren der holländ.-köln. Ausgabe finden (z. B. in der Bonner Incunabel Vouillième Nr. 238), und da sie auch der Koberger Bibel nicht fehlen, so müssen wir annehmen, dass die Stöcke schon vorhanden waren, als diese Ausgabe gedruckt wurde, und nur eben verlegt oder sonst vorübergehend abhanden gekommen waren.

Es soll übrigens nicht verschwiegen werden, dass ausser einigen anderen gerade auch die Bilder Nr. 19 u. 38 der Koberger Bibel fehlen, also zwei Darstellungen, die die holländisch-kölnische Ausgabe vor der niedersächsischen voraus hat Wie das zu erklären ist, wissen wir nicht. An der Thatsache, dass die Bilder dieser Fassung vor den Bildern der sogenannten ersten gedruckt sein müssen, kann die Beobachtung nichts ändern.

[21] Z. B. Bücherillustration S. 98.

[22] Leider zieht sich durch das ganze grundlegende Werk Muthers (die Bücherillustration) die falsche Voraussetzung, als ob dies der Fall sei. Und doch lässt sich für fast alle reich illustrierten Bücher des 15. Jahrhunderts die Quelle noch heute nachweisen. Ausnahmen bilden natürlich Werke wie Breidenbachs Heilige Reisen. Da Muther die deutsche Handschriftillustration des 15. Jahrhunderts nicht berücksichtigt, hat er eigentlich nirgends den richtigen Massstab für die Beurteilung der Buchillustration gefunden. So ist auch die Einleitung seines grossen Werkes teilweise recht unglücklich. Wollten wir die Geschichte der deutschen Illustration mit den elenden Schnitten der Pfisterschen Drucke beginnen, dann freilich müssten wir an einen ausserordentlich traurigen Zustand der Zeichenkunst während der ersten Hälfte des 15. Jhdts. in Deutschland glauben. Nun giebt es aber aus der Zeit bis 1450 eine ganze Reihe Handschriften mit Bildern fast völlig freien Stils, und zwar eines zeichnerischen Stils, die uns die rasche, aber stetige Entwickelung der zeichnenden Kunst seit dem Beginn des 15. Jahrhunderts zeigen. Von den zurückgebliebenen Dilletantenarbeiten des Pfisterschen Verlags aus dürfen wir ebensowenig auf den allgemeinen Zustand der Formschneidekunst, wie auf die Entwickelung der Zeichnung überhaupt schliessen.

[23] Vgl. Walther Sp. 97 ff.

[24] Gerade die Mundart des Kölner Gebiets ist mit völliger Sicherheit zu bestimmen, da die Benrather Linie einerseits, die Remagener, die Königswinterer und die rp/rf.-Linie andererseits ein ziemlich enges Gebiet umgrenzen, in dessen Mitte — also dem Mischdialekt der Uebergangszonen entrückt — die Stadt Köln liegt. Vgl. die Litteratur bei Mentz, Bibliographie der deutschen Mundartenforschung. Leipzig 1892. Nr. 879 ff. S. 85. Dazu besonders noch W. Scheel, Jasper von Gennep und die Entwickelung der neuhochdeutschen Schriftsprache in Köln. Westdeutsche Zeitschrift, Ergänzungsheft VIII. 1895.

[25] Es könnte etwa noch Bonn in Betracht kommen. Da hier der Erzbischof residierte, ist mit der Möglichkeit der Entstehung unserer Handschrift in Bonn jedenfalls zu rechnen. Ja eine Kleinigkeit (s. u. S 21) spricht sogar eher für Bonn als für Köln.

[26] Vgl. Walther Sp. 647 ff.

[27] Eine Vergleichung unserer Tafeln 1 und 2 mag das erläutern.

[28] Z. B. in der Schule des Meisters Wilhelm üblich.

[29] Vgl. auf unserer Tafel 2 die linke Hand des Hofmannes auf der Brücke. Wir geben diese und einige andere Eigenheiten an, weil sie für die Bestimmung der stilistischen Eigenart des Zeichners von Wert sind.

[30] Erst 1483 scheint wieder einmal ein Elefant nach Köln gekommen zu sein. Vgl. Ennen III, 920.

[31] Eine ganz entsprechende Darstellung des Rheinthals finden wir auch auf dem Bilde No. 70 des Wallraf-Richartz-Museums (die Heiligen Christof, Gereon, Petrus und Anna selbdritt), das Firmenich-Richartz dem Meister der Glorifikation zuspricht. Vgl. Merlo.² Lichtdrucktafel No. 42.

[32] Das kann natürlich nur von dem Illustrator von x gelten.

[33] Der Einfachheit halber setze ich den Arbeiter, der die Bilder für den Schnitt auf die Stöcke zeichnete, mit dem Formschneider in eins. Wir können da nicht mehr unterscheiden. Die Unterscheidung hätte auch keinen greifbaren Zweck.

[34] Mit verschwindenden Ausnahmen sind die Kopieen so genau, dass wir sofort sagen können, ob die Nachbildung gleichseitig oder gegenseitig gezeichnet ist.

[35] Dabei macht es natürlich nichts aus, dass unsere Handschrift nicht selbst kopiert wurde. Sie ist zweifellos mit x und y gleichseitig, da Federzeichnung nach Federzeichnung an sich immer gleichseitig ist.

[36] Wie man da von einem «stumpfen Messer» reden kann, ist mir völlig unbegreiflich. Eine Abbildung des Bildes No. 7 von der Hand des zweiten Arbeiters s. bei Essenwein a a. O. Tfl. 98.

[37] Hase, die Koberger.² Leipzig 1885. S. 117 ff.

[38] a. a. O. S. 118.

[39] Leider ist mir die Abhandlung von Firmenich-Richartz über Wilhelm von Herle und Hermann Wynrich von Wesel (z. f. chr. K. VIII 1895) zu spät zu Gesicht gekommen, als dass sie hätte eingehend berücksichtigt werden können. Doch scheint mir die Meister-Wilhelm-Frage auch durch diese sorgsame Untersuchung noch keineswegs gelöst.

⁴⁰ Im histor. Archiv der Stadt Köln. Photographie von A. Schmitz in Köln.

⁴¹ Wenn wir auch annehmen wollen, dass die flotte Federzeichnung Neuerungen leichter zugänglich ist, als die umständliche Altarbildfabrikation, so liegt doch der Schluss nahe, dass der Weg vom Klarenaltar bis zu unserem Denkmal nicht gar so rasch zurückgelegt werden konnte. Wir dürfen jenen wohl bis in die Zeit um 1380 hinaufrücken, wozu auch die Trachten auf der grossen Tafel sehr gut stimmen.

⁴² Heute sämtlich im historischen Archiv der Stadt Köln. Die Bücher enthalten Privilegien, Statuten, Eidformeln, Memorabilien und ähnliches. Die Miniaturen zweier oben nicht erwähnter Handschriften ebenda gehören noch dem 14. Jahrhundert an: Die Bilder der 1623 ff. geschriebenen Handschrift No 152 der geistlichen Abteilung und die Miniatur der Bürgerordnung, die Stein (Akten u. s. f. I S. LIX.) bespricht als aus den Jahren 1398—1400 stammend.

⁴³ Vgl. Höhlbaum in den Mitteilungen aus dem Stadtarchiv von Köln. Heft VII (1886) S. 105. Leider giebt diese kurze Aufzählung nicht an, in welche Jahre die einzelnen, in den verschiedenen Bänden vereinigten Teile fallen.

⁴⁴ Ms. germ. quart. 42. Perg. 482 beschriebene und mehrere leere Bll. Blatt 1—18 und 425 bis zu Ende sind mit anderer Tinte geschrieben als der Hauptteil in der Mitte und von einer andern Hand illustriert als dieser.

⁴⁵ Pap. fol. «liber domus sancte Barbare in Colonia ordinis Carthusiensis.»

⁴⁶ Vgl. Stein, Akten zur Gesch d Verfassung und Verwaltung der Stadt Köln I S. LXXVI.

⁴⁷ Brüssel, Bibl. Royale. Ms. 9213 Perg. fol. 210 Bll.

⁴⁸ 1452 von einem Kölner Kanonikus Rynck an das Brigittenkloster Marienforst bei Bonn geschenkt.

⁴⁹ Vgl. Janitschek, Gesch. der deutschen Malerei S. 231 (mit Abbildung S. 216) und Firmenich - Richartz in Merlo, Kölnische Künstler, Artikel Stephan Lochner. Die früher angenommene Datierung 1453 ist ganz willkürlich. Leider habe ich die Handschrift nur flüchtig gesehen. Ihres Wertes wegen konnte sie nicht verschickt werden. So muss ich mich hier mit nicht ganz zulänglichen Bemerkungen begnügen. Das Denkmal verdiente aber eine eingehende Würdigung, da es zu den schönsten Werken der Buchmalerei überhaupt gehört

⁵⁰ Hochgestellten Gegnern, denen man nichts anhaben konnte, suchte man wohl in der Weise zu schaden, dass man irgendwo öffentlich ein Blatt Papier anheftete, das unter einem Bilde die Klage und Schmähungen über den verhassten Mann trug.

⁵¹ Nach Stein, Akten zur Gesch. d. Verf u. Verw. der Stadt Köln, bekleidete Johann v. Breyde nach einander so ziemlich alle wichtigen Aemter in der Stadtverwaltung. Die Darstellung seiner Hinrichtung besagt nur, welches Schicksal ihm sein Gegner wünschte

⁵² Ueber die Handschriften vgl. Städtechroniken Bd. XIII = Köln Bd. II S. 226 ff. Im histor. Archiv der Stadt Köln: Chroniken und Darstellungen 11—14. Kgl. Bibliothek in Berlin: Ms. Boruss. fol. 478.
⁵³ Hs. Nr. 11 zwischen 1472 und 1475 angelegt.
⁵⁴ Hs. 12 geschrieben 1475.
⁵⁵ Hs. 13 ungef. um 1480.
⁵⁶ Hs. 14 des histor. Archivs in Köln und Ms. Boruss. fol. 478 in Berlin.
⁵⁷ Im histor. Archiv der Stadt Köln: G. B. 23 Pap. fol. 212 Bll.
⁵⁸ Datierungen weisen in die Jahre 1494. 1498. 1500.
⁵⁹ Auch wohl sonst noch.
⁶⁰ Nr. 161 Perg. fol. 82 Bll
⁶¹ Wir glauben nicht, dass die Handschriften, die sich etwa noch in den von uns nicht besuchten Bibliotheken finden möchten, an diesem Verhältnis Wesentliches ändern könnten. Zweifellos hat eine ausgedehnte gewerblich-bürgerliche Illustration in Köln nicht bestanden.
⁶² Pap. fol. 8 + 154 + 1 Bll.
⁶³ A. a. O. Sp. 648.
⁶⁴ Man würde darnach an sich die Bilder für viel jünger halten.
⁶⁵ In der Stadtbibliothek in Nürnberg. Ms. Solg. fol. 8. Der Text teilt mit dem cgm. 1102 die wiederholte Unterbrechung durch Abschnitte aus der scolastica historia. Vgl. Walther, der die Nürnberger Handschrift nicht kennt, Sp. 647. Der Inhalt umfasst die Bücher Josua bis Ecclesiasticus. Perg. fol. 198 + 1 Bll. Das erste Blatt ist eine Ergänzung des 18. Jahrhunderts. Das Datum 1360 auf Blatt 129' kann sich etwa auf die Zeit der Uebersetzung ins Deutsche beziehen.
⁶⁶ Wenigstens die uns bekannten niederländischen Handschriften aus der Mitte des Jahrhunderts zeigen ganz andere Art und stehen meist viel höher. Vgl. z. B. die Brüsseler Handschriften No. 9015 (vom Jahr 1445, aus Tournay), 9242 (aus den Jahren 1446 ff.) u. 9095 (vom Jahr 1455).
⁶⁷ Die zwei oder drei wirklichen Zeichner, die es gegeben hat, ändern daran nichts. Heinrich van Beeck kann zur Illustrierung der ersten Reinschrift seines Werkes wohl einen Maler gewonnen haben, der so ausnahmsweise einmal Zeichnungen in eine Handschrift lieferte. Der zweite Zeichner kann ein Goldschmied und Kupferstecher gewesen sein u. s. w. Kurz diese ganz vereinzelten Leistungen nötigen nicht zur Annahme eines Briefmaler- oder Illuministengewerbes.
⁶⁸ Hain * 1895.
⁶⁹ Was Muther (Bücherillustration S. 26) über den fasciculus sagt, ist voller Irrtümer. Darstellungen der Bundeslade (statt: Arche Noahs) der Fischmenschen, des Belial finden sich in keiner kölnischen Ausgabe. Veldener hat nie einen fasciculus in Köln gedruckt, am wenigsten 1476, da er um diese Zeit längst in Löwen thätig war. Ebenso sind die Ausgaben ohne Druckvermerk, die Muther noch als kölnisch erwähnt, nicht in Köln gedruckt.
⁷⁰ Ennen 223.
⁷¹ Hain * 6918.

[72] Abgebildet bei Dibdin. Bibliotheca Spenceriana III, 819.
[73] Hain* 6919.
[74] Hain* 6922
[75] Hain* 6923.
[76] Das Horologium aus der Druckerei Zells, das Muther in die ersten Jahre des Kölner Buchdrucks setzt, ist nach einer freundlichen Mitteilung des Herrn Dr Voulliéme erst 1485 oder noch 2—3 Jahre später gedruckt.
[77] Voulliéme schreibt den Druck dem Götz von Schlettstadt (1474 bis 1480) zu.
[78] Vgl. Schreiber. Darf der Holzschnitt als Vorläufer der Buchdruckerkunst betrachtet werden? Centralblatt f. Bibliothekswesen 1895. Separatabdruck S 26 Ein Exemplar mit handschriftlichem Text ist der cod. pal. germ. 34 in Heidelberg.
[79] Im Kgl. Kupferstichkab. in Berlin (Hs. 82).
[80] In Dresden (g. 15 o v.) und Köln (Stadtbibliothek).
[81] D. h. nach der ersten Holzschnittausgabe, wie sie uns im Exemplar Weigels (heute im Brit. Mus.) erhalten ist Facsimile dieser Ausgabe von Weigel 1869 und von der Holbein Society 1881. Vgl. Jahrb. der Kgl. Pr. Kunstsammlungen XI (1890) S. 161.
[82] Vgl. Campbell. Annales de la typographie néerlandaise au XVe s. 1874. c. Supplem.
[83] Ausser diesen fallen vielleicht noch einige undatierte Werke in die Frühzeit. Was wir davon gesehen haben, ändert nichts an den folgenden Ausführungen.
[84] Vgl. Schreiber a. a. O. S 7. Facsimile von Berjeau 1861. Gute Abbildungen bei Sotheby. Bodemann. Schreiber. Manuel VII, 48. 49 und sonst.
[85] Facsimile: Facsimiles illustrating the liure de Jehan Bocacce (de la ruyne des nobles hommes et femmes. Colard Mansion 1476) Edinburg 1878.
[86] Sämtlich abgebildet bei Holtrop, Monuments typographiques et xylographiques des Pays-Bas au XVe s. 1868.
[87] Die eigentlichen Blockbücher mögen auch hier und im Folgenden ausser Betracht bleiben: gerade entscheidende Gruppen lassen sich noch immer nicht mit völliger Sicherheit lokalisieren. Uebrigens ist mir nicht ein Blockbuch vorgekommen, das auf dieselbe technische Schule hinwiese wie die Holzschnitte der Kölner Bibel.
[88] Fürs Folgende vergleiche man Muthers grundlegendes Werk: Die deutsche Bücherillustration der Gotik und der Frührenaissance. München und Leipzig 1884. Dazu etwa noch Essenwein, die Holzschnitte des 14. und 15. Jahrhunderts im German. Museum in Nürnberg 1875. Einzelne Abbildungen auch in Katalogen, bei Dibdin. Sotheby. Ottley. Weigel-Zestermann u. a.
[89] Abbildungen bei Dibdin, bibliotheca Spenceriana I und bei Sotheby. principia typographica II (1858) 91.
[90] Walther, Deutsche Bibelübersetzung des Mittelalters Sp. 97 Man vermisst übrigens eine Bemerkung über die Typen der «Schweizer Bibel.»

⁹¹ Auf diese Thatsache machte mich zuerst Herr W. Weisbach aufmerksam, von dem wir eine Geschichte der Basler Buchillustration bis 1500 in allernächster Zeit erwarten dürfen.

⁹² Hain * 11063.

⁹³ Leider habe ich den Druck nicht gesehen.

⁹⁴ Es ist auch nicht denkbar, dass ein Kölner Formschneider nur im Anschluss an fremde, also etwa französische Vorbilder so gleichmässige Arbeiten hervorgebracht haben könnte, wie es unsere Bibelholzschnitte sind. Deren Verfertiger muss vielmehr die strenge Zucht einer wohlgefestigten Schule durchgemacht haben. Dergleichen gab es aber in Köln überhaupt nicht. In den übrigen deutschen Druckorten herrschte eine andere technische Ueberlieferung. Also bleibt nur Frankreich.

⁹⁵ Obwohl es deren eine stattliche Anzahl giebt, wie ein Blick in einschlägige Werke, z. B. Brunet, La France littéraire au XV⁰ s. Paris 1865, lehrt.

⁹⁶ z. B. bei Thierry-Poux, Premiers monuments de l'imprimerie en France au XV⁰ s. Paris 1890.

⁹⁷ Vgl. auch Conway, The woodcutters of the Netherlands in the fifteenth century. 1884. S. 95.

⁹⁸ In den deutschen und niederländischen Drucken kommen unseres Wissens solche breite, geschlossene Leisten nie vor. Hier geht meist von dem Initial links oben eine offene Ranke ein Stück weit die Seite herunter und ebenso oben hin, während der untere Rand und die rechte Seite frei bleiben. Oder schmale offene Ranken (ohne Rahmen) schliessen alle vier Seiten ein.

Vergleichendes Bilderverzeichnis.

Vorbemerkung: Im Bilderverzeichnis steht in der ersten Spalte die Bilderreihe der Berliner Handschrift Nr. 516, in der zweiten die der niedersächsischen, in der dritten die der holländisch-kölnischen Bibelausgabe. In der vierten Spalte sind die Bilder der Koberger-Bibel von 1483 angegeben. Die Zahlen beziehen sich auf die Reihenfolge der Bilder in den einzelnen Werken.

Genesis.

	Hs.	Dr. I.	Dr. II.	Kob.
Schöpfung: Kapitel 1 und 2		1	1	1
Sündenfall 3		2	2	2
Kain und Abel 4		3	3	3
Sintflut 7		4	4	4
Sünde Kanaans 9		5	5	5
Turm zu Babel 11		6	6	6
Abraham und Melchisedek 14	1	7	7	
Abraham und die drei Männer 18	2	8	8	7
Opferung Isaaks 22	3	9	9	8
Jakob erschleicht den Erstgeburtsegen 27	4	10	10	9
Jakobs Traum 28	5	11	11	10
Joseph wird verkauft 37	6	12	12	11
Joseph wird ins Gefängnis geworfen 39	7	13	13	12
Pharaos Traum 41	8	14	14	13
Die Brüder Josephs in Aegypten 42	9	15	15	14
Mahl und letzte Prüfung der Brüder 43/44	10	16	16	
Joseph entlässt seine Brüder 45	11	17	17	15
Jakob vor Pharao 47	12	18	18	16
Segen Jakobs 49	13		19	
Jakobs Begräbnis 50	14	19	20	17

Exodus.

	Hs.	Dr. I.	Dr. II.	Kob.
Josephs Begräbnis. Pharao und die Ammen 1	15	20	21	18
Jugendgeschichte Moses 2	16	21	22	19
Berufung Moses 3	17	22	23	20

	Hs.	Dr.I.	Dr. II.	Kob.
Die ersten Wunder vor Pharao 7	18	23	24	21
Plage der Frösche 8	19	24	25	22
» der Fliegen 8	20	25	26	23
» der Beulen 9	21	26	27	24
» des Hagels 9	22	27	28	25
» der Heuschrecken 10	23	28	29	26
» der Finsternis, Tötung der Erstgeburt 10/11	24	29	30	27
Passah 12	25	30	31	28
Durchzug durchs Rote Meer 14	26	31	32	29
Siegesgesang 15	27	32	33	30
Das Manna und die Wachteln 16	28	33	34	31
Mose schlägt Wasser aus dem Felsen 17	29	34	35	32
Amalekiterschlacht 17	30	35	36	33
Uebergabe der Tafeln 20	31	36	37	34
Verpflichtung auf das Gesetz 24	32		38	
Herstellung des heil. Geräts 25	33	37	39	35
Abgötterei mit dem goldenen Kalbe 32	34	38	40	36
Strafe über das Volk, Moses Fürbitte 32	35	39	41	37
Mose erhält neue Tafeln 34	36	40	42	38
» verhüllt sein Angesicht 34	37			
Mose und Aaron vor dem heil. Gerät 40	38			

Leviticus.

Mose vor Gott, Aaron und seine Söhne hinter ihm 8	39	41	43	39
Untergang Nadabs und Abihus 10	40	42	44	40

Numeri.

Zählung des Volkes 1	41	43	45	41
Mose und Aaron blasen die Trompeten 10	42	44	46	42
Die Kundschafter mit der Traube 13	43	45	47	43
Bestrafung der Rotte Korahs 16	44	46	48	44
Aarons Stab grünt 17	45	47	49	45
Aarons Begräbnis 20	46	48	50	46
Aufrichtung der ehernen Schlange 21	47	49	51	47
Geschichte Bileams 22	48	50	52	48
Einsetzung Josuas 27	49	51	53	49

Deuteronomium.

Moses schreibt Gottes Weisungen auf 31	50	52	54	50
Moses von Gott begraben 34	51	53	55	51

Josua.

Eroberung Jerichos 6	52	54	56	52
Hinrichtung der fünf Könige 10	53	55	57	53
Josuas Begräbnis 24	54			

Iudicum.

	Hs.	Dr.I.	Dr.II.	Kob.
Berufung Gideons und Probe der Seinen 6/7 ..	55	56	(58)	54
Jephtha und seine Tochter 11.	56	57	(59)	55
Simson tötet den Löwen 14	57	58	(60)	56

Ruth.

Geburt Obeds 1	58

Regum I.

Elkana und seine Frauen 1.	59	59	61	57
Verlust der Lade. Elis Tod 4	60	60	62	58
Saul von Samuel gesalbt 10.	61	61	63	59
David von Samuel gesalbt 16	62	62	64	60
David und Goliath 17.	63	63	65	61
David nimmt Sauls Speer und Becher 26	64	Dafür haben die Drucke ein anderes Bild: = 96 = 96 = 91		

Reg. II.

Sauls Tod. Kunde davon wird David überbracht 1	65	65	67	63
Joab ermordet Abner 3	66	66	68	64
David führt die Lade nach Jerusalem 6 . . .	67	67	69	65
David und Bathseba 11.	68	68	70	66
Absaloms Tod. 18	69	69	71	67
Joab tötet den Amasa 20. David und der Pestengel 24 .	70	70	72	68

Reg. III.

Davids Begräbnis. Salomo und Bathseba 2. . . .	71	71	73	69
Salomos Urteil 3	72	72	74	70
Salomo und die Königin von Saba 10	73	73	75	71
Asa siegt über die Mohren (Paralip. II. 14) . .	74	74	76	72
Elia am Bach Krith gespeist und bei der Witwe von Zarpath 17	75	Dieses Bild in den Drucken entspricht nicht Nr.74, sondern Nr. 99 der Hs.		
Elia erweckt den Sohn der Witwe 17. Das Gottesurteil am Karmel 18	76			

Reg. IV.

Elias Himmelfahrt. Elisa von den Knaben verspottet 2	77	75	77	73
Das Oel der Witwe. Elisa erweckt den Sohn der Sunamitin 4	78			
Naeman badet im Jordan 5	79	76	78	74
Hungersnot in Samaria 6	80			
Ein Toter wird durch die Berührung mit Elisas Gebein wieder lebendig 13	81	77	79	75

	Hs.	Dr. I	Dr. II.	Kob.
Ahas opfert an dem neuen Altar 16 Die Assyrer führen Hosea und Israel weg 17.	82	78	80	76
Der Engel des Herrn schlägt die Assyrer 19. Jesaja wird zersägt.	83	79	81	77

Paralipomenon I und II.

	Hs.	Dr. I	Dr. II.	Kob.
Eleasars Sieg im Gerstenacker I, 11.		80	82	78
Josias Begräbnis II. 35.		81	83	79

Esdras.

	Hs.	Dr. I	Dr. II.	Kob.
Cyrus gestattet die Rückkehr der Juden 1.		82	84	80

Tobias.

	Hs.	Dr. I	Dr. II.	Kob.
Tobias der Aeltere erblindet 2.	84	83	85	81
Der junge Tobias gewinnt den Fisch 6.	85	84	86	82
Tobias der Aeltere wird geheilt 11.	86	85	87	83

Judith.

	Hs.	Dr. I	Dr. II.	Kob.
Judith übergiebt der Magd das Haupt des Holofernes 13	87	86	88	84

Esther.

	Hs.	Dr. I	Dr. II.	Kob.
Esther vor Ahasver 5.	88	87	89	85

Hiob.

	Hs.	Dr. I	Dr. II.	Kob.
Hiob und seine Frau. Die Unglücksfälle.	89	88	90	86

Psalmen.

	Hs.	Dr. I	Dr. II.	Kob.
Ein Alter schreibend.		=52	=54	=50
David auf der Harfe spielend.		90	92	88

Daniel.

	Hs.	Dr. I	Dr. II.	Kob.
Die drei Männer im Feuerofen 3.	90	91	93	89
Daniels Gesicht von den vier Ungeheuern 7.	91	92	94	90
Gesicht Daniels vom Kampf des Widders und des Bocks 8	92	93	95	91
Daniels Urteil über die beiden Aeltesten (Susanna).	93	94	96	92
Errettung Daniels aus der Löwengrube 6.	94	95	97	93

Makkabäer I und II.

	Hs.	Dr. I	Dr. II.	Kob.
Judas Makkabaeus siegt über Apollonius I, 3.	95	96	98	94
Antiochus Eupator unterhandelt mit den Juden I, 6	96	97	99	95
Die Auffindung des heiligen Feuers II, 1.	97	98	100	96
Himmlische Reiter über Jerusalem II, 5.	98	99	101	97
Judas Makkabäus siegt über Nikanor II, 8.	99			
Der Tempelschatz wird angegriffen?	100			

Neues Testament.

	Hs.	Dr. I.	Dr. II.	Kob.
Matthäus mit dem Engel. Die Vorfahren Christi		1	1	1
Markus mit dem Löwen. Auferstehung Christi, Simson mit den Thoren		2	2	2
Lukas mit dem Ochsen. Geburt, Anbetung. Darstellung Jesu		3	3	3
Johannes mit dem Adler. Dreieinigkeit in einer Wolke		4	4	4
Uebergabe eines Briefes an den Boten (Römerbrief)		5	5	
Dieselbe Darstellung (Korintherbrief)		=5	6	
Wiederholung des 5. bezw. 6. Bildes vor sieben weiteren Briefen		7-13	7-13	
		=5	=6	

Offenbarung.

	Hs.	Dr. I.	Dr. II.	Kob.
Johannes auf Patmos, sein Gesicht, Martyrium		14	14	5
Die vier Reiter 6			15	6
Die Versiegelung der Knechte Gottes 7			16	7
Die Posaunenengel a			17	
Die Posaunenengel b 9			18	8
Der Engel mit den Säulenfüssen 10			19	9
Das siebenköpfige Tier und der Drache 13			20	10
Streit Michaels mit dem Drachen 12			21	11
Die Hure von Babel und die Schnitterengel 17			22	12